最新版

“元ギャル”が資産8000万円の大家さんになったヒミツ！

OL大家 奈湖《なこ》ともこ

はじめに

皆様、はじめまして。ＯＬ大家〝なこ〟こと、奈湖ともこと申します。

私は、22歳のまだギャルの名残がある大学生時代、２０１３年に70万円の資金と金融機関からの融資を使って不動産投資をスタートしました。

そして、４年経った26歳の現在、所有物件は８棟（２棟のアパートと５戸の戸建て、築浅の倉庫）、家賃月収は70万円、株やキャッシュを含めた資産は８０００万円となりました。このうち２つの戸建てと倉庫はこの１年で一気に購入したものです。


よく、この結果だけ伝えると「なこさんってすごいねー！」と言われますが、そんなことはありません。規模はそれぞれですが、目標をもって地道に努力することで、不動産投資は誰にでもはじめられるからです。

そして不動産投資をスタートさせれば、必ず人生が大きく変わってきます。

私と同じような20代のサラリーマン・ＯＬさん、また、主婦や非正規社員など、何かしらのハンデを持つ方でも、夢や希望が開けてきます。

私も今まさにそれを実感している最中です。

このことをお伝えしたい・・・そう思って、昨年初めての著書、『元ギャル女子高生、資産7000万円のOL大家さんになる！』（ごま書房新社）を書きました。

「全然売れなかったら悲しいな」そう思ってドキドキしながら発売したのですが、想像以上に好評になり、なんと前著は完売してしまいました。

その間、お会いしたことない方や行く先々で「奈湖さんの本、勉強になったよ！」「奈湖さんの本で大家さんはじめました！」などと信じられない感想や反応があり、自分自身驚いています。

もちろん、その間も不動産投資は続けました。多くの大家さんにお会いしているうちに、今までは知らなかった（聞けなかった）物件情報や交渉テクニックなども教えていただきました。その結果前述の3つの物件を購入することもできました。これは前著ではお話しなかった方法で購入しています。

私のノウハウも増え、物件数（資産額）も1年前とは変わりました。また「新章」でご紹介する、私の主宰する「なこ大家の勉強会」でお聞きした著名大家さんのお話しは、ぜひみなさんとシェアしたい内容です。

ちょうど前著が完売したタイミングでしたので、出版社さんに相談した結果、完売した前著を改訂して（タイトルも少し変えました）「最新版」として発行させていただくことになりました。

さて、本書でご紹介する私の〝なこ流〟投資術を簡単に説明します。

1棟目から5棟目まで、つまり私が本当に初心者の頃は、首都圏近郊・・・それも自宅から一時間程度の地域に絞って、土地値以下の戸建てやアパートを買ってきました。

どうして地域や購入する物件の条件を絞っているかといえば、それが私にとってもっとも買いやすく、かつ増やしやすかったからです。


私が購入してきた物件は、価格にして400万円～2000万円程度と規模が小さいこともあり、スピーディに買い進めるには限界があります。また、利回りも10％台といったところで、みなさんが驚く高利回りではないかもしれません。

「そんな投資にどんな魅力があるの？」

そんな風によく聞かれますが、実はお得な要素がいくつもあるのです。

まず「土地値で買う」ということは、その地域での相場以下で割安の土地を入手するということ・・・先に売却の出口を確保します。

そして「無料」で手に入れた建物に必要なリフォームを施して、家賃を稼いでもらうのです。ある程度の土地値があれば、築古物件でも融資が使えるのも強みです！

つまり、お手頃価格ながら融資を受けて買うことができて、そのうえで所有しても売却にしても、どちらにも利益が出ることを狙っています。

このように、あまりインパクトはありませんが、インカムゲイン・キャピタルゲインの両方を得て、現金を残しながら着実に買い増やす手法をとってきました。

おかげで少しずつ現金も増えてきましたので、6棟目からは現金で買える100万円程度からの高利回りの物件を購入し始めました。これでさらに安全に不動産投資を進めることができます♪

最新版の「新章」ではこの「現金高利回り物件」の買い方もお話しします。


もうおわかりかと思いますが私は小心者です。常にセーフティゾーンを意識しながら堅実に資産を増やしてきました。この本では、そんな慎重な私がやってきたなこ流の不動産投資の方法を、初心者の方でもわかりやすく紹介しています。

「不動産投資ってちょっと怖いな」と思っている方に、ぜひ読んでいただきたいです。

10代のときは、将来を考えると不安になっていましたが、今はいつも楽しく明日が待ち遠しい毎日です！　OL生活もずっと大変でしたが、不動産投資を始めたことで、月給を気にせず働く時間も減らすことができています。

人生は一度きりです。ぜひこの本をきっかけに不動産投資を始めて、やりたいことや楽しいことをたくさん体験してみてくださいね。

奈湖　ともこ

目次

第1章 25歳OL、5棟、資産7000万円の大家さんになるまでの試練の道！

第2章 私が不動産投資をオススメするワケ

第3章 不動産投資のはじめ方［準備］

第4章 なこ流物件購入術［物件選定・融資］

第5章 なこ流物件運営術［賃貸経営］

※本書は2017年に同社より刊行された『元ギャル女子高生、資産7000万円のOL大家さんになる！』を改題し、内容を編さん、加筆修正したものです。

新 章

大家“奈湖ともこ”の最新不動産投資状況！

【この章は「前著出版以降（5号目購入以降）」の私の不動産投資活動となります。

初めてこの本を読む方は、P40の「第1章」から先にお読みになるとさらに内容が理解できるかと思います！】

前著では5号（5棟目）まで買い進めたお話をしましたが、その後もさらに私の不動産投資は加速しました。たくさんの大家さんにいろいろな投資法やお得情報を聞く度に「私ももっと頑張らなきゃ！」とワクワクしたからです。

また、出版後に様々なパーティやセミナーで不動産投資家さんや、不動産会社さんから「今まで聞けなかった不動産投資お得情報」を教えていただく機会が増えました。

そうした中、ここまで進めてきた不動産投資にも大きく変化が出てきました。5号目までの私の投資法と少し矛盾しますが、これからご紹介する6号物件からは、「現金中心」で物件購入を進めています。

キャッシュフローが貯まって、私の手元に現金が増えたことも後押ししてくれました。

ただ、もしかすると、融資が厳しい不動産投資の現状ですので、予期せずトレンドの投資手法となる予感もしています。

"ギャル大家"が、表面利回り60%のボロ戸建て購入！
最新購入物件「6号」「7号」「8号」紹介！

この6号物件以降の特徴といえば、前述のとおり現金が使えるようになったため、これまでの土地値重視ではなくて、収益性重視で買っているところです。

振り返れば、1号物件を買ったときは資金がなくて融資を受けました。そのため「融資を受ける金融機関の評価の出る物件」でないと買えませんでした。そうなると「収益性よりまず購入できること」が前提の物件選びとなってしまいます。

もちろん、評価の出る物件でも収益は出るでしょう。でも、「融資」か「現金」か？という選択肢が増えた私は、手堅く確実に成功する手法を選びました。

そして、せっかく現金を使うなら、「融資」では買えないような、とびっきりの高利回りの物件を買おうと考えました（笑）。

【6号物件】100万円の激安区分マンション

平成29年6月22日神奈川県横須賀市／築45年／3LDK／家賃5・9万円　利回り54％（実質利回り　管理費修繕費1・75万円を抜くと実質家賃4・5万円なので41％）／100万円で購入／現金

ちょうど最初の本を出版する2017年3月頃に、5号物件を購入したところで、キャッシュフローが月額33万円を達成しました。

これまで年に1物件ペースで購入していたのですが、出版をしたことで、めまぐるしい日々が続き、次に物件を購入するのは1年後かな・・・そう漠然と考えていました。ところが4月ごろに以前に買ったことのある不動産業者さんから物件情報をいただきました。ショートメールで、大体の場所と平米数と「想定賃料5万円・売出し価格100万円」とだけが書いてあり、現金限定とのことでした。

あわてて詳細を送ってもらったところ、古い団地のような区分マンションでファミリータイプです。あまりに安いので物件はまだ見ていないけれど、「絶対に買います！」と連絡しました。

ただ、この物件は横須賀市の物件で、横須賀は人口減少ランキング上位に入ったこともある地域です。多少不安はあったのですが、相場よりはるかに格安で購入できること、現金買いなので返済がないこと、また家賃をかなり下げても利回りはいいので、購入することに決めました。

想定家賃を調べたところ、おそらく6万円程度でも入居は決まると思うのですが、堅めに見て5万円で計算しています。

安かった理由として、相続で5人が分けることになったのですが3年間放置していたそうです。持っているだけで月々に管理費と修繕費で2万円の出費です。「もう売ってキレイに清算したい!」となりましたが、いくら高く売れたにせよ、5人で分けるのだから期待できないという事情がありました。

物件を見て購入を決意した私は横浜の不動産業者さんのお店に行き、買付証明書を書いて帰りました。

部屋はキレイでしたが残置物は結構ありました。部屋の片づけもあるため決済日は未定でした。

残置物の中でほしいものをくださるということで、ドラム式洗濯機・椅子とテーブル・サイズを合わせてつくったという食器棚・電子レンジ・キッチンの横の棚・カーテンをいただくことにしました。

空室で購入したので、キレイにリフォームをして、実需の方に売るという方法もありましたが、管理費・修繕費積み立てが月に2万円近くあったのと、実需向けへ売却を想定をすると、結構費用をかけてリフォームをする必要があると思いました。

また、空室のまま売却するとなると、売れない間、毎月2万円の管理費・修繕費も負担となります。

そんなことを考えた結果、必要最低限のリフォームをして賃貸に出しました。

そうこうしているうちに決済日が6月に決まりました。

午前中に決済が終わる予定だったので、午後に管理会社さんとリフォーム会社さんと物件を見に行きました。

水回りは使えそうだったので、修繕はクロスのの張替え、畳の交換、お風呂のドアの開閉をスムーズになるように直す、ふすまの張替えのみになり30万円ほどでおさまりました。思ったより安くついたので、壁の一面にアクセントクロスを入れることにしました。

入居については1か月後にすんなりと決まりました。

最寄り駅から歩いて10分以上かかり、とくに便利なわけではありませんから、家賃を安くすれば埋まるだろうと思っていました。当初、5万円で計算していましたが、5万9000円と相場並みで募集して、もしも入らなかったら値下げしようと考えていたところ、一人暮らしの男性の入居が決まりました。

いただいた家電や家具を設置したのが良かったのかもしれません。

この物件は買った値段であれば利回り70％にもなります。リフォームを入れても54％です。そこから管理費・修繕費を差し引くと実利回り40％です。

✦【7号物件】初の遠隔物件は群馬の戸建て

平成29年10月24日／群馬県利根郡／築43年／3LDK／100万円で購入／現金で購入

平成29年の10月にまた100万円の物件を購入しました。

知り合いの業者さんから「群馬県の戸建てで安いのがあるからどうですか？」と連絡が来たのです。それで現地まで行き見てから買いました。

ここは所ジョージさんのテレビ番組「ダーツの旅」に出てくるようなのんびりとした自然がたくさんあるところです。新幹線の駅から車で5分ほどです。母と最寄駅まで行き、駅前でレンタカーを借りました。

近くに水上温泉や、利根川の源流があって、ラフティングができたり、ダムが何個もあり見学ができたり、ロープウェイもあります。

実際に現地に行ってみると、物件は築40年越えにもかかわらず外観は意外とキレイでした。

物件の周りが雑草でジャングル状態になっており、物件の中に残置物が大量にありま

した。家具や布団など生活している雰囲気のまま・・・リフォーム代もかかりそうでした。

水回りは、キッチンとお風呂は問題なかったのですが、ボイラーとトイレは交換が必要です。

とはいえ、これまで築35年や40年の戸建ての再生をしてきたので、「この程度であの価格なら、大丈夫だろう」と判断しました。

しかも、この物件は税務上の評価が買値の4倍もありました。くわえて周辺の実勢価格と比べてもあきらかに割安なので、100万円で買えるのなら損はないなと思いました。

さらに念のため、近くの客付け会社さんに連絡をしてみたところ、賃貸需要はあると言ってもらえたのも購入の決断を後押しした理由です。

はじめての遠隔地物件ということで若干の不安要素はありましたが、購入を決め、2017年10月24日に売買契約・決済を同時にしました。

その後、春までは雪が降っていたので何もせず放っておいたのですが、取り急ぎ残置物があったので撤去を頼んだところ14万円かかりました。これは相場価格だそうです。見積もりを3社にお願いしたのですが、一番高いところで17万円くらいでした。

遠隔なので現地にキーボックスをおいて、立ち会わなくても済むようにしたのですが、自分で直接動くよりもスピードが遅くなるような気がします。もしかして、地方で対応できる会社が少ないというのが理由かもしれません。

見積もりをとって残置物を片付けるだけでずいぶん時間をかけてしまいました・・・反省です。今はリフォームの手配を進めています。

この物件は賃貸と売却の同時で出してみるつもりです。相場家賃ですと、せいぜい頑張っても5万円、安くて4万5000円です。売却の査定額は300万円です。

想定利回りは表面で60%ですが、リフォーム代によって変わりそうです。予算は100万円~150万円で、仮に150万円で計算すると24%になります。

管理会社いわく、近所の人が「子供のいる世帯の家として使えそう」という話でしたから、賃貸にしても売買にしても近所の方がターゲットとなりそうです。

3倍で売却！　激安区分の利確に成功

8号物件の購入前に・・・はじめての売却をしました！

売却したのは激安区分マンションの6号物件です。高利回りなので所有していても良かったのですが、売却した金額をシミュレーションしたところ、売って現金を厚くしてより大規模な物件を購入するのが良いと判断しました。

これがもし、融資を受けて購入しているケースであれば、短期売却はイメージを悪くしてしまう恐れがありますのでオススメできません。

また、個人名義での購入に対しては、5年未満で売却した際の譲渡益に対して短期譲渡税がかかってしまい、思ったほど手元にお金が残らない可能性があります（私の場合は、物件を法人名義で購入しているため譲渡益はかかりません）。

ちなみに、今回は相場より少し安めに売却をしました。その理由は3つあります。

①価格帯が低い

多少、高くても安くても、そもそも金額が少なく、不動産会社さんにお支払いする仲介手数料が安いため、あまり手間をかけずに売れるような値付けにしました。

②時間をかけたくなかった

1億円の物件なら頑張って手間暇かけて1000万円高く売れるかもしれません。しかし、数百万円の物件では頑張っても数十万円がいいところ。それであれば、やはりなるべく手間をかけず早く売るほうが良いかなと思いました。

③現金買いで残債がない

そもそも現金で買っている物件なので、あまり売れた金額に左右されません。買った金額より高ければ間違いなく利益になります。

そんなわけで相場より安めにオーナーチェンジで収益専門サイトの『楽待』や『健美家』に出したところ、すぐに買付をいただきました。

買主さんの希望で、初の無人決済です。司法書士さんにすべてお任せして、私も決済に行かずして売却しました。

安いとはいっても買値の3倍以上の金額で売却することができました。

【8号物件】売却益をつかって倉庫物件を購入！

平成30年2月22日／神奈川県横浜市／築年数不明／ただの小屋／利回り15％／250万円で購入／現金で購入

6号物件の売却後、その売却益で買えそうな物件を探していました。

そんなときに、以前物件を購入したことのある業者さんから情報をいただきました。横浜市内にある250万円の物件です。価格は路線価程度で、しかも私の所有物件の中では1番の築浅です。利回りも15％ですから、よっぽどのお宝物件に思われるかもしれませんが、じつは、この物件は「倉庫」なのです。

もともと売主さんが、大学教授だったそうで書庫として使われていたようです。そのため水回りはなく狭いお部屋です。土地はあるのですが上物が登記されていません。建物はキレイで何もしないで貸せる状態です。

住居とは違い水回りが不要なので原状回復費がかかりませんし、短期退去も少ない傾向にあります。また、倉庫はランニングコストも電気代だけですから、収益率が高いことで知られています。

購入したのは今年の2月で、物件情報をいただいてから6日後決済という、スピーディな流れでした。6号物件の売却が1月でしたので、売って買ってのサイクルも早いです。

現状はまだ空室ですが、月額3万円で貸し出す予定です。しかし、コストがかからないことが倉庫のメリットとはいえ、空室を埋めるのが、賃貸よりは時間がかかると聞いています。

一度、お申込みがあったのですが、流れてしまったので、これからまた真剣に動かなくてはいけません！

今後は競売で神奈川エリアの戸建てを購入したいと考えています。

競売とは、ローン返済が不可能になった人が所有する不動産を、裁判所が差し押さえて入札方式で売却、その代金を債務の返済に当てることをいいます。

所有するのなら戸建てがラクなので、どんどん増やしていきたいです。戸建てに比べてアパートは入退去が激しく私には向いていない気がします。

なぜ、競売に興味をもったのかといえば、手持ちの現金が増えてきたからです。私は属性が悪いので、どうしても融資の面で不利です。それであればキャッシュ勝負で競売に挑戦してみようと考えたのです。

以前に比べてメジャーとなった競売は、そうそう安く買えなくなったともいわれていますが、戸建ての数は多いので、まずは一度、取り組んでみたいと思います。

毎回「超有名大家さん」が講師に来てくれる⁉ 奈湖ともこ『大家さんの勉強会』はじめました♡

ここからは物件購入記ではなく、私の勉強会のお話をさせていただきます。

私のはじめての本が出版される前後から、私と著名大家さんをゲスト講師にお招きしての勉強会「なこ大家の会」を主宰しています。2017年1月の第1回から、この本を出版する現在までに第9回まで開催しています。

まだまだ経験不足の私でしたが、自分と同じ境遇の方に「不動産投資っていいな！」「自分でも出来そう！」と思っていただくために、何かアクションを起こしたかったのが動機です。

また、自分が興味を持つ投資法を行っている著名大家さんのノウハウを皆さんとシェアしたかったこともありました。

それでは、全9回の中より、特に印象に残った開催をご紹介していきます。

本当は全部の開催をご紹介したかったのですが、ページの都合で本当に残念ながら省略させていただきます（汗）。

第1回 【2017年1月】ゲスト講師：今岡《いまおか》 純一《じゅんいち》さん（越谷大家さん）

◇越谷大家さんHP　https://koshigayaoya.com/

記念すべき第1回は、越谷大家こと、今岡純一さんをゲスト講師にお招きして渋谷にて行いました。

越谷大家さんは、薬剤師免許を持つ、元製薬メーカーサラリーマンです。著書『越谷大家流！　爆発的にお金を増やす!!　物件の効率的な購入の仕方と利回りアップ術』（セルバ出版）も出版されています。

起業の話から融資に苦労し、担保の大事さ・魅力にとりつかれて都内区分マンションを2013年に購入。自己資金400万円と融資を積極的に活用し、現在の借入金額は3億円を超し、家賃年収・売電収入は6000万円、年間キャッシュフローも3000万円を超えているそうです。

越谷大家さんは、私と同じように20代で不動産投資をはじめている元サラリーマン大家さんなので以前からその行動に共感していました。

様々な投資を実践されており、この日のお話は太陽光発電や銀行融資の借換え、その他いろいろと多岐にわたり、とっても勉強になりました。

この回は大盛況でなんと40人ほど来てくれました！　第1回目なので、「本当に集まってくれるのかな・・・」と不安でしたが、たくさんの応援をいただけて本当に嬉しかったです。

第2回

【2017年2月】ゲスト講師：桜庭《さくらば》 匠《たくみ》さん（キャバクラ大家さん）

◇桜庭匠さんHP　http://kyabakura-ooya.jp/

第2回目は、キャバクラ大家さんこと桜庭匠さんをゲストにお招きして、1回目と同じ渋谷で行いました。

桜庭さんは青森の地元中学を卒業後、美容学校に進学するも、卒業3日前に退学。毎晩バイクで走り回る暴走族のような生活を送る中、「このままでは人生がダメになる！」と上京を決意して、25歳までに自分の店を持つことを目標と定めたそうです。

そして、20歳にして美容師デビューを果たす傍ら、格闘技ジムにも通い始め、また、開業資金をつくるために歌舞伎町でホストデビュー、ナンバーワンにもなったすごい人です。

1年間の25歳には、見事目標通り美容室をオープンして、その後2店舗目の美容室、キャバクラ、ラーメン店等を次々にオープンさせました。

不動産投資は31歳でスタート。現在は20棟200室程度を所有し、平均利回り20％以上を超えているそうです。またYouTuberとしても人気を集めています。

そんな桜庭さんのご活動や投資法をまとめた著書『中卒でも年収1億円！“やる気”だけで夢は叶う』（ぱる出版）も出版されています。

桜庭さんは主に地元の青森で再生物件などを行っています。地方では空室率70％というエリアもあり、そういった中で物件を買い増していて、地方物件を買うことについての心構えや、売却でお金を増やすお話などをしてくださいました。

この日の「なこ大家の勉強会」も大盛況！　懇親会・2次会にも桜庭さんが参加してくださり、とても賑やかに楽しく終わりました。

第3回

【2017年3月】

ゲスト講師：菅井《すがい》 敏之《としゆき》さん・太田垣《おおたがき》 章子《あやこ》さん

◇菅井敏之さんHP　http://www.toshiyukisugai.jp/

◇太田垣章子さんHP　http://www.ohtagaki.jp/

第3回は、超人気投資家の菅井敏之さんの経営する田園調布にある『Suger Coffee（スジェールコーヒー）』にて、少人数制にしてじっくり「なこ大家の勉強会」を行わせていただきました。

菅井敏之さんは元メガバンクの支店長です。銀行マン時代から不動産投資をはじめていて、48歳のときに銀行を退職して以降はアパート経営に注力されています。

銀行員としてのお金を「貸す側」、不動産投資家としてお金を「借りる側」、どちらの視点も持っていることで、大きな資産を築くことに成功されています。

著書に大ベストセラー『お金が貯まるのは、どっち!?』『家族のお金が増えるのは、どっち!?』（アスコム）など多数ありますが、近著『読むだけでお金の増やし方が身につく京都かけだし信金マンの事件簿』（アスコム）は小説仕立てですごく面白い本です。銀行の裏側が描かれているので不動産投資家にも必見です！

また特別ゲストとして「章（あや）司法書士事務所」代表司法書士の太田垣章子先生にもお話いただきました。

著書『2000人の大家さんを救った司法書士が教える　賃貸トラブルを防ぐ・解決する安心ガイド』（日本実業出版社）でも述べられているように、太田垣先生は大家さんの訴訟代理人として、2000件以上の悪質賃借人の退去の訴訟手続きを受託してきた、賃貸トラブル解決のパイオニア的存在です。

トラブル解決の際は、常に現場へ足を運び、訴訟と並行して悪質賃借人と向き合ってきました。その徹底した現場主義から、多くの大家さんの信頼を得ています。

この日の勉強会では、どういう物件が詐欺集団の事務所や犯罪に使われやすいか、また家賃の滞納する方に部屋を貸さない方法のお話、家賃滞納の方の追い出しのお話などをしてくださいました。

第4回

【2017年7月】

ゲスト講師：生形《うぶかた》 大《だい》さん

◇生形大さんブログ　https://ameblo.jp/daitier/

第6回は、『年収1億円を生み出す［ハイブリッド］不動産投資』（ぱる出版）、『9

割の日本人が知らないお金をふやす8つの習慣』(ダイヤモンド社)の2冊の本を出版され、共にヒットされている人気投資家、生形大さんをゲスト講師にお招きしました。

外資系証券「バークレイズ証券・JPモルガン証券」出身の不動産投資家さんで、現在、国内12棟189戸、海外3戸、都内の戸建て・区分マンション4戸の不動産を所有されています。また、不動産以外にも株・FX・先物・オプション取引・オフショアファンドなどあらゆる投資に精通されています。

この日も、40人ほどの方が参加してくださり、ほぼ全員の方が懇親会まで参加してくださいました。興味深かったのは1棟投資以外にもトランクルームなどをされていることです。様々な不動産投資を組み合わせているのが特徴だと思いました。

この日は仙台、名古屋から日帰りでいらした方、大阪からも一泊で来てくださった方がいました。そして過去の「なこ大家の勉強会」に参加してくださって、お友達を誘ってきてくださった方もいてとても嬉しかったです。

じつは私が不動産投資を始めるきっかけの一つは、生形さんのセミナーでした。5年前からお世話になっていて、私の不動産投資の相談にずっとのってくださっていました。

二次会をしたあと、三次会にも行って、なんとセミナー開始の14時半から22時半まで、渋谷で大家さん談義を行わせていただきました！

第7回 【2017年9月】ゲスト講師：レッド吉田《よしだ》さん

◇レッド吉田さん『健美家』コラム　https://www.kenbiya.com/ar/cl/redyoshi/

第7回は、小田急線の経堂駅近くにある、お笑い芸人のレッド吉田さんのお店『アスリートのおやつ』にて開催しました。

レッド吉田さんといえば、お笑いコンビTIMのツッコミ担当です。子供が通っていた幼稚園のパパ友に不動産投資家がおり、かねてから安定的な収入の道を求めていたことから、アパート経営の勉強を始めたという経緯があります。

赤のチェックの服で登場したレッド吉田さん。不動産を始めるきっかけや、どうやって物件を買い進めたのかなど、大きなスケッチブックを使ってお話してくださいました。

頭金がいくらだったかや、どこの銀行で借り入れしたか、収益がどのくらい出たのかなど、大家さんとして詳しくお話してくださいました。

その後、私もはじめての試みで、3つのグループに分かれてワークショップをしました。実際にレッド吉田さんが購入した再建築不可で借地権の物件のマイソクを使って、この物件を買ったあと、「どうやって運営するのか？」や、「リフォームの仕方」、「いつ売却するのがいいのか」などを実際に考えました。

都内の駅近で立地がとてもいい物件だったので、和室を活かしてリフォーム代を減らし、簡易宿泊所として運営、シェアハウスとして運営、などいろいろな意見が出て、とても勉強になりました。レッド吉田さんもとても参考になったと言ってくださいました。参加した皆様が一生懸命考えてくださり、とても嬉しかったです。

そのあと、レッド吉田さんの奥様やスタッフの方々の手作りの、無添加の体に優しいメニューをいただきました。すごく美味しかったです！

第8回

【2017年9月】ゲスト講師：小嶌《こじま》 大介《だいすけ》さん

◇小嶌大介さんHP　http://www.magicod.net/

第8回の講師は大阪から小嶌大介さんが来てくださいました！

芸術系大学を卒業後、広告業界で約10年間グラフィックデザイナーとして勤務。

2010年、脱サラを目指し手持ち50万円から不動産投資に挑戦。デザイナー独自の目線と切り口で築古物件のブランディングし、次々と高利回り物件に再生・蘇生するリノベデザイナーになったというすごい人です。

現在は11棟120室を所有しており、その平均利回りは30％（賃貸20％・シェアハウス50％）という驚異的な結果を出されています。

詳しい投資術は、小嶋さんの著書『50万円の元手を月収50万円に変える不動産投資法』（ぱる出版）にも書かれております。

小嶌さんのお話は、とてもインパクトがあり、不動産投資の勉強会でこんなに面白くて笑ったことは初めてでした。

小嶌さんは誰もが見向きもしないようなボロボロの廃屋を素敵な物件に再生するテクニックを持ち、普通に貸すだけではなくてシェアハウスにすることで、かなりの高利回りに仕上げています。手掛けられたリフォームの写真をたくさん見せていただき参考になりました。とってもオシャレでした。

この日は四谷で懇親会を開催して遅くまで盛り上がりました。

第9回

【2018年3月】ゲスト講師：五十嵐《いがらし》 未帆《みほ》さん

◇五十嵐未帆さんHP　https://elegant-owners.jimdo.com/

第9回は、とても品のある女性投資家五十嵐未帆さんにお越しいただきました。今回は渋谷で行いました。

五十嵐さんは、財務コンサルタント、ファイナンシャルプランナーCFPという素晴らしい経歴をお持ちで、女性大家さんのための交流会『エレガントオーナーズ』を主宰をされています。また、著書『買うだけ、かんたん！　主婦の私でもできた月収130万円「新築アパート」投資法』（ダイヤモンド社）も、特に女性大家さんから人気がある一冊です。

五十嵐さんは、相続をきっかけに不動産投資をはじめられましたが、相続物件とは別に地方物件を購入したものの失敗。それをきっかけに、手間がかからずキャッシュが残る新築アパートを買い進める投資スタイルを確立しました。

現在では自宅から車で30分の新築アパートを中心に8棟75室を所有されています。

私は五十嵐さんのことを、すごく尊敬していて、将来は五十嵐さんみたいになりたいなあと思っていたので、こうやってセミナーでご一緒できて、それだけで運気が上がった気がします。

驚いたのは土地から仕入れて物件を建てたときに、度重なる出費で、現金を3500万円払って大変だったお話があり、それは凄すぎると衝撃を受けました。

また、とっても優雅な方なのですが、3人のお子さんがいる子育てママさんでもあります！

私とは投資手法は違うのですが、何から何まで尊敬ができる素敵な女性投資家さんです。


……………………………………………………


ここまで『なこ大家の会』について振り返りました。これまでたくさんの方に参加いただきましたが、これからも継続していきたいと考えています。

素晴らしいゲスト講師の方々のお話ももちろんですが、懇親会に来ていただけると、勉強会で話せなかった話や、隣の席の大家さんが親身に相談に乗ってくれたりします。

初めて大家さんの勉強会に参加された方ほど、懇親会にも来ていろんな大家さんとお話していただきたいと思います。

私の勉強会にはなぜかメガ大家さんや、経験値が高い大家さんが多く、親身に相談に乗ってくださります(笑)。「まだ物件を持っていないから・・・」と心配しないで、参加してほしいと思っています。

私も物件を買えない時期にかなりの頻度でいろんな勉強会に参加したので、皆さんのお気持ちは痛いほどわかります・・・。ぜひ勇気を出して一度遊びに来てくださいね！

第1章

25歳OL、5棟、資産7000万円の大家さんになるまでの試練の道！

母に連れられていった大家塾のセミナーで、すっかり不動産投資に憧れるようになった私ですが、当時大学生だった21歳の女の子がそう簡単には物件を買えません。

世の中ではアベノミクス以降、サラリーマン投資家による不動産投資が盛り上がっています。

買いたい人が増えたということは、それだけライバルが多いということ。

たくさんのライバルがいる中での不動産投資・・・その道は険しいものでした。

第1章では私が物件を購入するまで、それから5棟の物件を買い進めていった紆余曲折をご紹介していきたいと思います。

不動産投資の勉強を開始！

当時の私は不動産の知識が全くなく、不動産との関わりといえば、西新宿の一人暮らしで賃貸契約をしたことくらいでした。

そこで、まず不動産の知識を得るために、はじめて行った不動産投資セミナーを開催していた大家塾の会員になりました。実際に大家さんになっている方々が、不動産投資を教えてくれます。基本は土日に授業があり、夜は懇親会に参加します。

また私はもともと読書が好きでしたので、不動産投資の本を100冊ほど端から読んでいきました。地主の人向けの本、サラリーマン向けの本、かなりの物件をお持ちの凄腕大家さんの本などです。

本は著者さんの不動産投資のやり方やノウハウが詰まっていますので、とても勉強になりました。本を読んで勉強になった著者さんの勉強会にも何度も参加しました。

また、不動産実務検定（通称「大家検定」）という、大家さん向けの検定も勉強しました。これは、大家さんが安心して満室経営を続けられるような知識を学ぶものです。1級、2級に分かれていてテストもあります。このほか、私が行った勉強法やオススメの書籍は第3章で詳しく紹介しますね。

さらに当時入会していた大家塾のイベントで、地方にある会員さんの物件を見に行く、一泊二日の地方遠征に行きました。

管理会社さんの話を聞いたり、買う前に物件を見に行った時に何を確認すればいいのかを学んだり、実際に大家さんとしての活動を知ることができました。そうして不動産の知識は徐々に身についていきました。

買えない9か月

学びながらも時間がある日や休みの日は、インターネットで物件を検索し、不動産業者さんに問い合わせ、まだ売れ残っていたら物件を見に行きました。

真夏の暑い日に土地を見に行こうとしたら、不動産業者さんに「長靴を履いてきてください」と言われました。

よく意味が分からなかったのですが、ショートパンツに長靴を履いていきました。行ってからわかったのは、夏の間、放っておかれた土地は草が多い茂り、虫が大量に飛んでいるということです。

足を10か所くらい虫に刺されました。だから特に夏は、物件を見に行くときはなるべく露出しないほうがいいことを覚えました。

あるときは千葉の房総半島の先端に行きました。車の渋滞で朝出発したのに夜になり、「家に帰れなくなるかも！」と、半泣きになったこともあります。

また冬の寒い日に車で物件を見に行った帰りにガス欠をして、寒い車の中で、ずっとJAFが来るのを待ったこともありました。

あのとき、運転してくれていた母（今でも物件探しに付き合ってくれますが）には感謝の気持ちでいっぱいです。

若いということはハンデも多く、不動産業者さんに物件の問い合わせで電話をすると、年齢や年収、貯蓄額やどんな物件を探しているのかを聞かれることがあります。

当時、21歳で不動産投資をしたくて物件を探していると答えると「そんな若いと、銀行の融資が通らないと思うよ」と相手にされないこともありました。

だから途中からは、ネットで見て「いいな」と思った物件があったときは、母に電話してもらっていました。

そして、お金を借りるために、様々な銀行に事前相談に行きましたが、全く相手にしてくれず、「二棟目だったら融資します」と門前払いをされました。

だんだんと気づいたことは、上場企業などのエリートサラリーマンには銀行はお金をすぐに貸してくれるけれど、私のような正規雇用ではなく、また若い子が不動産投資をするのは難しいということでした。

私が「失敗した！」と後悔しているのが、はじめの頃は1棟物件ばかりを狙ったことです。というのも、私が不動産投資を学んだ大家さんの会では、皆さんが1棟のRCマンションを買っているのです。

それは、いわゆる「高属性」といわれる知名度のある会社で働く高収入のサラリーマンだからこそで、今思えば、全く立場の違う投資家なのに、それが自分にもできると思ってしまったのです。

買えもしない物件を追い求め結局、時間を無駄にしてしまいました。

それでも土日は必ず不動産投資の勉強会や物件を見に行き、平日もネットで物件検索をしたり、本を読んだりしていました。

友達と遊ぶこともなく、ひたすらその生活を9か月間繰り返しました。

しかし、物件が買えません。

大家塾で同じ時期に入った同期の方たちは、どんどん物件を買えていて、私だけ取り残されている気がしました。

もしかしたら、今の私に不動産は買えないかもしれない。

この努力は全部無駄になるかもしれない・・・と、不安になりました。

考えてみれば、不動産投資の勉強をしていて、若い私のような実例は全くといっていいほど聞いたことがありませんでした。

「不動産投資はエリートがやるものなのかな」と思い始めました。

そんなときには、母が私と一緒に落ち込み、また励ましてくれました。

物件を見に行くときは必ず母と一緒に行っていました。物件を見た後に、物件の最寄り駅でご飯を2人で食べ、物件近くに観光名所があるときは2人で見に行きました。

1人でつらい思いをしているわけではなく、2人だから続けられたと思っています。

また、そこまで知識がない状態で不動産投資を始めていたら、ヘンな物件を買ってしまっていたかもしれないです。振り返ると、この買えなかった9か月間があって逆によかったです。

【1号物件】22歳でアパートを購入!

1号物件／平成25年12月17日／横浜市泉区／築19年／6部屋1Rアパート／利回り13%／2100万円で購入／2・1%15年の日本政策金融公庫でローン

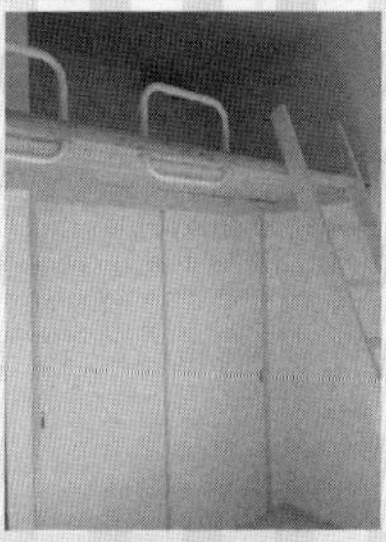

22歳のとき1棟目を買いました。そのときはまだ大学に籍はありました。仕事を持ちながらも大学生であり、そんな状態で物件を購入しました。

情報を知ったのは2013年の12月です。

いつまで経っても買えないものですから、いろんな物件を追い求めているうちに、築古の木造アパートに目を向けるようになりました。

そんななか、収益不動産専門のサイトで、相場より少し安めのアパートを見つけました。すぐに不動産屋さんに問い合わせをし、その日のうちに見に行きました。神奈川県横浜市内にある木造アパートです。

物件を見に行くと、6部屋中3部屋が空室で、空いている部屋は全くリフォームされていませんでした。

もともと物件を持っていたのは地主の方で、相続税の支払いのため急いで業者さんに売却したという経緯を聞きました。そのため今の所有者は業者さんでした。

価格は2200万円と一棟アパートにしては安く、ハードルが低いと思いました。また空室はきちんとリフォームすれば埋まると思いました。

築年数は19年で少し古めですが、利回りは13%でした。何気なく不動産業者さんに、「少し安くなりませんか?」と聞いたところ、「100万円値下げします!」と言ってくださいました。

こうして初めての物件で指値（価格交渉）が成功できたので、以来、不動産に関してのみ、値引きのお願いをする癖がついてしまいました。

「この価格帯で買いたいと思える物件にたどり着けることは滅多にない」と確信したので、アパートの空室で「この物件、買います!」と伝えました。

もちろん2100万円もの大金は持っていません。銀行で融資を受けるつもりでした。不動産業者さんは「ネットから物件情報は消しておきますし、融資がつくまで、待っていますね」と言ってくださいました。

私はまず日本政策金融公庫に融資をお願いしようと思いました。

日本政策金融公庫とは国の機関で、個人事業主や会社を作ったときに、創業資金を支援してくれます。基本的に個人事業主なら2期分の確定申告があれば審査できます。

また「物件を日本政策金融公庫で買おうと思います」と、先輩のメガ大家さんに連絡したところ、その方がお世話になっている日本政策金融公庫の支店担当者の方を紹介してくださいました。

融資の審査に必要な書類は、物件の買えなかった9か月間の間に集めていたので、このときに急いで書類集めに走らなくて済みました。とはいえ、審査には数週間かかりました。毎日、連絡を楽しみに待っていました。

後で知ったことなのですが、担当の方の上司の方が私の歳などを見てすごく心配して、「融資を出すのをやめたほうがいい」と判断されていたようです。

そのときに担当の方が推薦してくださり、また紹介してくださったメガ大家さんからも「ぜひ、お願いします」と言っていただけたようで、ギリギリのところで、融資の承認が降りました。日本政策金融公庫の支店で最年少融資だったようです。

これは、まわりの方が一丸となって動いてくれたおかげでした。あのときの嬉しさと、達成感は今でも覚えています。

融資金額は2100万円にリフォーム代100万円の合計2200万円です。

また、個人で物件を買うよりも、会社で買ったほうが、不動産投資は節税になると学んだことから、会社を作り会社に融資してもらいました。

物件を購入するときは、不動産業者さんの仲介手数料、固定資産税、火災保険加入など、諸費用がかかります。

しかし、売主が不動産業者さんの場合は仲介手数料がかかりません。普通なら支払うはずの70万円ほどの手数料を支払わずに済んだので、とても幸運でした。このときは貯金した300万円が自己資金でしたが、うち諸費用として70万円を使いました。

売主が業者さんだったのと、リフォーム代込みで融資を受けられたのがポイントで、自己資金をあまり使わずに済みました。こうして1棟目は購入まではスムーズでした。

築19年の木造アパートで利回り12~13%ですから、今となってはなかなか出ない条件です。どうしてこんな高利回り物件が買えたのかといえば、震災翌年の2012年だったこと、まだアベノミクス前で景気も冷え込んでいる時期でした。

おそらく業者さんにしても、いつまでも持ち続けたくなく、早く売りたかったから少し安めに売り出したのでしょう。

空室が多くエリアも横浜市内とはいえ、決して好立地ではなく駅から徒歩圏ではありませんでした。しかもロフト付きの激狭アパートでハンデだらけともいえます。

高利回り物件というのは、やはり高利回りでないと売れない理由があるということです。その辺を理解して買うのは大事だと思います。


さて、無事に物件を購入した後は、空室を埋めないといけません。

部屋をキレイに直す必要があったので、まずリフォーム会社さんに見積もりを取りました。

何社かに見積もりをとることを相見積もりといいます。このように複数社から見積もりをとって比較検討するのがセオリーですが、知らない業者さんにお願いするのは、初めてのことで不安だったので、物件を購入した不動産業者さんがお付き合いしているリフォーム会社さんにお願いしました。

壁紙の張替えや、シャワーホースが水漏れしていたのを交換し、クリーニングをしました。一部屋だけ床がきしんでいたので、張替えをしました。一部屋25万円で全部屋の合計で100万円くらいかかりました。

こうして空室のリフォームが済んで、入居募集をかけたところ全く反響がありませんでした。家賃を下げてみたり、入居の初期費用を下げたりして、半年ほどしてやっと満室になりました。

客付けには苦労をしましたけれど、キャッシュフローを毎月7万円生んでくれるようになって、「これは素晴らしい！」と思いました。そして、「これからもどんどん買っていこう！」と思いました。

人気の湘南エリアにある【2号物件】

平成27年3月17日／逗子市新宿／築33年／戸建て3LDK／土地118平米／建物71平米／1200万円で購入（950万円にリフォーム250万円）／3.9％30年の三井トラストでローン

2棟目となる戸建ては、1棟目購入から1年ちょっと経った2015年3月に購入しました。その間は1棟目の運営に夢中で購入活動は休業していました。

1棟目を買った業者さんから、「そろそろ自己資金が貯まりましたよね？　いい戸建てが出ましたよ！」と連絡をいただいたのです。

2棟目の物件は神奈川県逗子市の逗子マリーナのそばという好立地にあり、ほぼ土地値で950万円、利回り10％の築35年の戸建てでした。

また「1棟目を担保に入れて融資がつきますよ」と説明を受けました。同じ業者なので、「ゆっくり待ちますよ！」と言ってくれたのが買えた秘訣です。

これが何人も買付が入っていたら、絶対に買えなかったでしょう。最近は指値をすると買い付けも入れられないこともあります。

不動産業者さんに聞いたところ、売主のご両親が住んでいたのですが、引っ越しをしてから数年間そのままにしておいたようです。その物件を不動産業者さんが買い取りしたということでした。

1棟目で古い物件のリフォームは経験したこともあり、要領をつかんでいます。そのおかげで冷静に物件を見ることができました。そして、購入することにしました。

今回も日本政策金融公庫で融資をお願いしました。しかし、審査に出してから1か月ほど経った時に融資が通らなかったことを伝えられました。

理由は、お隣の戸建ての端の部分が、物件の土地の敷地内に越境していたからでした。融資が通らずショックを受けましたが、不動産業者さんがお付き合いしている担当者の方に、三井トラスト・ローン&ファイナンスで審査をお願いしたところ、すぐに融資の承認を出していただけました。

950万円の物件価格に250万円のリフォーム価格を合計して1200万円のローンを組むことができました。

このときもリフォーム代も込みで融資をしてもらいました。諸費用70万円だけ自分で出したわけです。

金利は固定で3・9%と高いのですが、30年ローンが組めます。かなりの長期間で返済していく形になりますので、1か月の返済額は少なくなります。ただし、共同担保といって保有している別の物件を担保に入れないと、ローンを組むことができません。

今回は1棟目に買ったアパートを共同担保にしました。1棟目物件の2番抵当です。価格が安い物件だったので、まだよかったのだろうと思います。

最初にリフォームをしなければいけない場合、リフォームをうまく段取るのは難しいものです。

もしも融資が通らなかったときのために、不動産屋さんと一緒にリフォームを考えました。今回は、たとえ融資が通らなくて私が買えなくなっても、他の方へ売れる状態のリフォームをしました。


この物件を購入した際に有利だった点でいうと、売主が業者ということで、こういったイレギュラーな形で購入する前からリフォームが進められたことです。

もしも私がローンが通れば、そのまま買ってくれればいいし、リフォーム代ももらえばいいという考え方です。珍しい買い方だと思います。

こうして、融資の審査を行いながらも、物件のリフォームを不動産屋さんと一緒に進めていました。

今回は外壁塗装という、家の外の壁を塗ることと、家の中をリフォームしました。家の中は壁紙を主に張替え、少し薄暗かったので電気を新しく付け全部で250万円かかりました。

さらにポストは可愛いものをと思い、枕木にシルバーのポストを取り付けました。

またリフォーム代の節約のため、安くクーラーを取り付けられる業者の方が親の知り合いにいるので、クーラーはその方にお願いしました。

あと、気になったのは隣の山に生える竹です。物件の庭に竹が覆いかぶさっていました。竹は繁殖力が強くて、その盛り上がりがコンクリを突き破るほど強いそうです。竹林を所有するのは裏の山の地主さんですが、私の物件まで出っ張っていたので切る許可を得ました。費用は5万円ほどでした。

リフォームが完了したときに物件を見に行くと、なんと切った竹が敷地に放置されていました。不動産業者さんに連絡したところ、すぐ処分してくれたようですが、きちんとチェックしておくことが大切だと思いました。

こうして無事に貸し出せることになったのですが、好立地にも関わらず入居募集がうまくいきません。

エリアの賃貸相場を見て、12万円くらいだろうと決めましたが、3～4か月経っても空室が埋まりませんでした。12万円が高すぎたのかもしれませんが、逗子の方はブランドですから高いイメージがあります。

それにリフォーム済みですから高くしたかったのです。それでペット可にしたのですが、やはり反応がなく、徐々に家賃を下げて10万7000円で出したところ、お子さんがいる方が住んでくださいました。利回りはちょうど10％です。

毎月のローン返済額が5万6600円なので、この物件で5万円近く、安定して入ってきています。この方が入居してくださってから、まだ退去はありません。

また、入居者さんが引っ越してから一度物件を見に行ったところ、とてもかわいらしく玄関を飾ってくれていてとてもうれしかったです。

【3号物件】は再建築ができないワケあり

平成27年8月4日／横浜市鶴見区／築41年／戸建て3DK／土地60平米／建物49平米／650万円で購入（400万円にリフォーム代250万円）／現金購入

3棟目を購入したのは、2015年8月です。

この物件も1棟目2棟目を買った不動産業者さんから紹介していただきました。

2015年7月30日に電話で紹介されました。

横浜市内の戸建てで、580万円で再建築不可の物件とのことでした。再建築不可とは、建物を取り壊して建て替えることができないということです。

家の前が2メートル幅のある階段になっていまして、1メートル幅だけは持っていて、残りの1メートル幅は業者の方がもっているようでした。残りの1メートル幅を業者の方から購入できれば、再建築は可能になります。

2015年7月31日の、物件を紹介された翌日に、物件を見に行ってみると、和式のトイレにお風呂は古いタイプのバランス釜でした。

築40年ということもあり、田舎のおばあちゃんの家のような雰囲気でした。また、見に行ったのが真夏だったので、室内で汗だくになりました。

私は「急いで現金を集めるので、早く決済する分、安くしてください」とお願いしました。すると「値引きはしません」と断られてしまいました。

それでも欲しかったので私は了承しました。そして、「すぐお盆になるので、お盆明けに決済しましょう」と、不動産業者さんと決めました。

すると、その後すぐに、「値引きするのでお盆前にお願いします」と、売主の方から連絡が入りました。なんと、先方から値引きを提案されたのです！

５８０万円が４００万円という大幅の値引きです。再建築不可とはいえ、リフォームすれば建物は貸せるので破格の値段でした。

指値に成功した理由はスピードだと思います。「今すぐ買うから、３日後にはお支払いします！」とお願いしたらＯＫがでました。

売主さんは地主さんではなく、事業をされている方で、どうやら本業の資金繰りで売却を急ぐ必要があったようです。

ですから、物件の不備を指摘して値下げ交渉をするような頭脳戦ではなくて、それこそ勢いで買いました。

決済は２０１５年8月4日にしました。

私は通帳に丸ごと４００万円入れていたわけではなく、定期預金などに回していた分もありましたので、急いで現金を集めました。

この物件を買った決め手はとにかく安いことです。最寄りは東横線の菊名駅で電車が2車線入っている主要駅です。このエリアは意外に家賃が高くて人気があります。

また、私は初めての現金買いで緊張しましたが、「失敗しても400万円だから」と思って買いました。

購入後は、すぐリフォームに取りかかりました。

不動産業者さんに、「勉強になりますからどこをどうリフォームしたいか、現地に行って確認してきてください」と言われました。

そこで、購入してから数日後に現地に出向いたところ、今回はまず内装をキレイにしないと入居者がつかなそうに思えました。

1階部分のダイニングキッチンの壁を抜いて大きなリビングにすること、トイレを洋式に変えること、壁紙の張替え、階段はペンキで塗る、割れている窓ガラスは新しいのを入れるなどをすべてメモしました。

不動産業者さんから「予算は200万円ぐらいでしょう」とアドバイスを受けて、見積もりとリフォームはいつもの不動産業者さんの知り合いの方にお願いしたところ、ちょうど200万円くらいに収まると言われました。

そして、トイレにくわえて、お風呂も取り替えて洗面台を付けました。

洗濯機を置く場所もなかったので、階段の真下が引き戸の収納スペースになっていたのですが、そこを洗濯機置き場にしました。

なぜかキッチンだけ前の人が付け替えたばかりでキレイだったので、そのままにしていますが、それ以外は全て新品になりました。

また、電気の線が足りずに冷蔵庫を置く場所が変なところになってしまうので、配線を伸ばしました。

クーラーは親の知り合いにお願いして、型落ちのクーラーを安く付けてもらうことができました。おかげで内装も設備もぴかぴかになりました。

そんなことをしていたら、２００万円の予算だったのが、オーバーして２５０万円になってしまいました。

結局、予算が足りなくなり外壁はやっていません。そのため見た目は築40年のままではありますが、まわりも古い住宅が多く、馴染んでいるのでいいと思っています。

今のところ雨漏りがする心配もありませんし、幸いにも住んでいるのが大工さんです。「もしも雨漏りするようなら自分で修繕してくれませんか」とお願いしています。

こうして、この物件はトータルで６５０万円かかりましたが、今まで買ってきた不動産の家賃や、貯めてきた貯金で全て現金で払いました。

これまでに1棟目の諸費用70万円、2棟目にも諸費用70万円使い、最初に用意していた自己資金は半分近くに減っていましたが、そのあと1棟2棟購入後にキャッシュフローを150万円貯められたのにくわえ、節約生活をずっと続けていたので現金で支払うことができました。

節約して給料を貯金することの大切さは第3章で説明していますが、ここにキャッシュフローが足されると貯金ペースがアップします。

かなりの出費になってしまいましたが、現金で買っているのでローンの返済がないと思うと一安心です。

家賃については、階段物件ということで少し安めの8万7000円で募集したところ、3日ほどで決まってしまいました。これまで高く設定しすぎてなかなか入居が決まらない・・・という経験はしましたが、こんなに早く決まったのははじめてです。

これは、むしろ家賃を安くし過ぎたのではないかと思います。

それでも、8万7000円の家賃であれば、ちょうど利回り15%ですので、約7年で物件購入金額とリフォーム金額の650万円を回収できるという計算です。

入居者さんはお子さんが3人もいる家族の方でした。

お子さんがいる方だとマンションより音を気にしないで住むことができます。

また、家族は荷物が多く、お子さんが学校に通っていれば転校が伴うため、一度住むとお引越しをせずに長く住んでくれることが多いらしいです。

その後、購入して落ち着いてから、前面道路を持っている業者の方のところへ、挨拶に行きました。これについては、トラブルもあったのですが、詳しくは第4章の物件選びにて、詳しくお伝えしますね。

高齢入居者の住む【4号物件】2戸アパート

平成28年5月31日／横浜市南区／築28年／上下二部屋のアパート／土地の広さ126平米／建物が69平米／1680万円で購入／3.9％30年の三井トラストでローン／年間の返済95万円、満室で178万円／返済比率53％

この物件は2016年5月に購入しました。

購入したのは、新規開拓した不動産業者さんです。かなり住宅系をやっているところで、別の川崎の戸建て物件で問い合わせしたご縁でつながりがありました。

結局、買い付けだけで買えなかったのですが、その業者さんが新しく情報を持ってきてくれました。

基本的にはマイホーム向けの会社です。マイホーム向けなのにどうしてアパートを見つけられたのか。おそらくお給料が歩合制でしょうし、私が買える客と見込んだから一生懸命に探してくれたのでしょう。

じつは、物件を見に行った日は、別の区分マンションを日曜日に見に行こうと思っていました。当日、不動産業者さんにお会いしたときに、「実はなこさんに良さそうなアパートを見つけました」と言われました。

一日前からインターネットに掲載されはじめた物件です。この時点であれば、私が一番手ということで、急いで見に行くことになったのです。

区分マンションもついでに見ておこうと思ったのですが、少し遠かったのと、このアパートを買いたくなってしまったので、見に行くのをやめました。

この物件は戸建て風の木造アパートで上下2戸と規模が小さく、高低差のある土地に建っています。

そのため2階が道路から直接入れて、1階が階段を下りたところにあります。かなり年季のはいっていそうな物件で、土地は100平米あるのですが、大部分に草が生い茂っていました。

しかし物件としては優秀で、ほぼ土地値の1680万円で築28年、しかも満室！利回りは10％です。


気になるところとしては、物件の裏側が小さな崖のような段差になっていました。本来は擁壁を作ったほうがいいのですが、崩れる心配はないとのことで、擁壁は建て替えのときに工事をすることにしました。

売主さんは不動産の建売業者の方でした。購入してすぐに、今あるアパートを取り壊して、建売を建てようとしたけれど、採算が合わないので売るということでした。

また一度買い付けを入れた人がいたようですが、その方のローンがつかなかったので、ネットで大々的に売り出したという経緯がありました。

満室なので部屋のなかには入れませんでしたが、1部屋30平米ほどの広さがあるので、競争力があると思いました。

また満室なので、すぐにリフォーム代などはかかりそうにありませんでした。

さらに1部屋は新築当初から28年間住んでいるご夫婦で、もう1部屋も10年住んでいる夫婦とのこと、すぐに退去がなさそうなところもいいと思いました。

「これは買いだ！」と思い、急いで買い付けを入れました。

条件も良くネットに掲載されていることもあり、ライバルがたくさん出てきそうなので、指値はせずに買い付けを入れました。

売主さんの話によると、前回買い付けを入れた人が日本政策金融公庫でローン審査が通らなかったということだったので、今回は公庫を使わずに、三井トラスト・ローン＆ファイナンスに審査をお願いしました。

実はこの物件に出会う前に、一度三井トラスト・ローン＆ファイナンスに審査をお願いし、ある程度、積算価格が出る物件ならローンが通ることがわかっていました。

今回は前回400万円で購入した戸建てを共同担保にいれることにしました。そして、1510万円を前回と同じく金利3・9％、期間30年で借りることができました。

「○日までには審査結果を出します」と言っていたのですが、数日遅れの1週間ちょっとでローンの審査が通りました。公庫に比べれば早いのですが、万が一もありますので、かなりドキドキしました。

結局フルローンはできず、足りない分は1割を頭金にしました。諸費用は150万円でお金はギリギリ足りました。

しかし、物件を買い増やすにつれて、どんどん貯金のできる速度が上がっていきます。それで一生懸命に貯めるようになってきていました。購入前に、銀行に通帳を見せたのも良かったのだと思います。

これまでのキャッシュフローは物件を買う頭金などの不動産投資に対しては使いますが、個人の支出とは切り離して使わないことにしています。

そこから3週間ほどで決済をしました。

初めての満室でのオーナーチェンジ物件でした。今のところ何にも手を付けておらずラクです。管理会社は紹介を受けた横浜の会社です。

第5章の運営のところで詳しく説明しますが、この会社は非常に優秀で、のちに1棟目のアパートも同じ管理会社に変えました。

このように比較的スムーズだったのですが、購入直前にトラブルが勃発します。

というのも、決済日の2日前に、急に不動産業者の方から連絡が入り、「1階に住んでいる方が退去するかもしれません」と言われました。

1階部分の方は新築当時から28年間ずっと住んでくれていた方なので、退去してしまうのはショックでした。

もし退去することになると、おそらく50万円ほどのリフォーム費用を支払わなくてはいけませんし、家賃も下がってしまいます。


詳しく事情を聞いてみると、ご夫婦の奥様がご病気で亡くなったそうです。

「もしかして、それで急いで売りに出したのかも」と想像しました。

亡くなってから売り出したのかは不明ですが。病院での話ですし事故物件ではないということです。

結局、ご主人もいずれは施設に入るだろうけれど、今すぐに空室にはならないと言われました。

ただずっと奥さんが家計をやりくりしていたため、家賃の払い方がわからず、ご主人独りになってからは滞納されていた状態でした。

また、ご老人の1人暮らしで、しかも持病があるそうで、いろいろな心配もあります。

しかし、物件を買ってすぐにお願いしている管理会社が丁寧に対応してくださっています。連絡のとれるご家族に交渉して、家族が間に入って家賃を払ってもらうことになり、先日「滞納あと1か月分になりました！」と報告がありました。

このように、この物件には問題要素はいくつかありましたが、無事に解決しました。管理会社が優秀だから安心です。実際に持ち出しはありません。

この物件は1680万円で利回り10％ですから、長年住んでいた人が退去して、適正家賃に引き直すと9・8％になりそうです。

それでも土地が120平米ほどあり広く、1階部分は他の土地を庭として使うことを条件に少し家賃が高くてもいいかなと思っています。

また、土地が広い分、退去によって利回りが下がる物件であるのは事実ですが、資産価値は高く人が住まなくなれば売却してもいいわけです。

しかし今は築28年ですし、物件は築50年まで持たせられると私は思っています。

【5号物件】は平成築の戸建てを購入

平成29年2月27日／横浜市鶴見区／築24年／3LDK／利回り10％／1300万円で購入／3・9％30年の三井トラストでローン

この物件は家のリビングでテレビを見ながら、SUUMOのアプリで横浜市の物件をチェックしていたときに見つけました。

平成築にも関わらず1350万円という価格で「これはお買得かも！」と思い、急いでお世話になっている不動産業者さんに連絡をしました。

マイソクを見ると京浜急行の駅からも18分という距離。

近隣の賃貸需要を見ると、戸建て賃貸が少なくマンションばかりの地域だったので、

「ここは買ってもいいな」と思いました。

この物件の売主さんはご家族でお住まいです。住宅ローンで購入されているため、売却できたら抵当権を外して、新しいおうちでまた住宅ローンを組むという流れでした。

売り出し中の間もまだ住んでいるので、土日のみ内覧可能ということでした。家にお邪魔する形で、少し気まずかったですが、最短の日曜日に見に行きました。

「少し安くしてください」とお伝えしたところ、1300万円までしか下げられないというお話でした。結局、50万円値引きしてくれました。

融資は三井トラスト・ローン&ファイナンスでお願いして、1週間ほどで審査が下りましたが、その後に売主さんの新しい物件の審査やお引越しなどもあり、私の融資承認が下りてから1か月半後の決済でした。購入してからは空室になるので、リフォームをして入居者さんを募集したところ、1か月くらいして10万8000円で入居が決まりました。

コラム

誰もがビックリ!? 元ギャル女子高生が大家さんになりたい!

高校を中退したギャルが、なぜ不動産投資を行うようになったのか?

私が不動産投資をはじめたのは21歳のときでした。どうして私がその若さで不動産投資に興味を持ったのか、その理由は私の経歴にあります。

ここでは、私が大家さんをはじめるまでのストーリーをご紹介いたします。

私の場合、もともと両親が不動産関係の仕事をしていたわけでもありませんし、地主の家でもありません。また、小さい頃から優秀だったわけではありません。ひょんなことから不動産投資の存在を知り、自ら学び、試行錯誤して大家になりました。

そもそも私は小学生のときに中学受験をして、私立の中高一貫校に通っていました。高校1年生までは塾に行き、ひたすら勉強していました。

しかし、高校2年生のときに、同じ毎日の繰り返しに飽き、また高校の規則に縛られて生きていることに、苦痛を感じてしまいました。

ひざ丈スカートに二つ結びをしないといけないことがとても嫌でした。

その時に大検(大学入学資格検定)という、今でいう高等学校卒業程度認定試験というものがあることを知りました。略して「高卒認定」と呼ばれています。

このテストを受けて合格すれば、大学受験ができるようになります。

また高校に全く行っていない人だと、多くの科目数を受験しないといけないのですが、高校1年生の勉強が終わり、高校2年生に進級できている人であれば、場合によっては数科目のテストで高校卒業の資格がもらえます。

私自身、勉強は全くしていなかったのですが、軽い感覚で申し込みし、テストを受けてみたところ合格していました。

そして、高校に今後通うくらいなら、塾や自分で勉強したほうが効率もいいと思い、高校3年生に上がるときに高校を辞めました。


当時、高校の先生が家まで来てくれて三者面談をし、両親に「せめて高校だけは卒業してほしい」と泣かれてしまいました。

でも私は自分の意志を変えませんでした。


人生はなんとかなる！

何にも縛られずに自由に人生を満喫していくんだ！


そう家族に宣言した私は、その後、髪を金髪にしたり、ギャルメイクをしたり、魔女のようなネイルをしてはじけました。友達と夜遊びする日々のはじまりです。

とはいえ、毎晩遊んではいたものの、高校に行っていないぶん暇でしたから、アルバイトでお金を稼ぐことができました。

また親からは「定期預金をしておきなさい」と言われました。実家で暮らしていましたから生活費はかかりません。遊びに使う以外のお金は貯めていました。

それから、お小遣い帳もつけていました。これは小学3年生からの習慣です。じつは高校生になってもお小遣い帳はつけていたのです。高校を辞めてギャルになってからも・・・。

ギャルとお小遣い帳というとギャップを感じられるかもしれませんが、私にとってお金に向き合うことは自然なこと。当時は節約もしていませんし「いくら貯めよう」とは意識していませんでしたが、結果的にはお金が残るようなりました。

思い返せば、高校在学中も辞めてからもいろんなアルバイトをしました。

最初にアルバイトをしたのは16歳です。高校に通いながら神宮球場のビール売りをしました。このバイトは時給ではなく歩合制でした。

交通費込みで最低2000円と決まっており、

球場で700円のビールを1杯売れば40円が売り子に入るシステムでした。

100杯売ったら全て50円で計算されるので、基本給の2000円を足して7000円になります。しかし、簡単に100杯は売れません。

このアルバイトを週に2～3日ほどして、多いときは1日に9000円は稼ぎ、週によくて2万7000円を稼いでいました。でも、ビールがすごく重たいし、スタンドの階段を上り下りするのがキツくてすぐに辞めました。

次は友達と一緒に学校が終わったら居酒屋でバイトをしました。これは楽しくて続きました。時給は1100円で高かったのですが、友達が辞めてしまったので私も少し経ってから辞めました。このバイトも5時から9時までの4時間です。

高校を辞めてからは、昼間にバイトをはじめました。近所のコンビニで勤務時間はばらばらですが6時間勤務で、夜は遊んでいました。こうして、ギャルとしてはじけた生活をしながらも、日中はわりと地道に働いていたのです。

18歳での社会人デビューと大学の入学

18歳になり、飲食関係の会社に就職をしました。

私はまわりの方からOL大家さんと呼ばれていますが、正社員ではなく業務請負という個人事業主と同じ形態で働いています。私は25歳になった今も8年間同じ会社で働いています。

就職するきっかけは、夜遊びをしていた頃の友達の、そのまた友達の紹介です。

その会社に決めた理由はお給料が歩合でもらえるからです。非正規社員でしたが、「歩合でがんばれば稼げる！」と思って働きました。

仕事の内容は飲食店のコンサルティングです。親会社から提携している飲食店の売り上げをアップさせるため様々な提案を行います。

私の年が若く、社会経験が浅かったこともあり、はじめたばかりのころは上司に怒られ、毎日泣いていましたが、今はさすがに怒られることは減りました。

長く続けられたのは、営業で契約が取れるとお金になるからです。

また、18歳といえば、ストレートに進学していれば、大学入学の年でもあります。

私は高卒認定を取っていましたが、大学に行かないと高卒にはなりません。そのため、高校に行っていたときの同級生が受験するタイミングで私も大学受験をしました。

当時、ギャル時代の友達で、仕事の合間に通信制の高校に行っていた子が、「卒業できそうにないから・・・」と、高校を辞めようとしていました。

その友達に高卒認定の存在を教え、一緒にテストについていき、その後無事大学に同じタイミングで入学できた時はとても嬉しく、そのお母さんにもとっても喜ばれ今はいい思い出です。

私自身、無事大学に合格したときは、頑張って大学を卒業しようと意気込んでいました。しかし、先述した通り、18歳で非正規社員とはいえ会社に勤めはじめていました。

最初のころは仕事を続けながら大学へ行っていましたが、それはやはり難しく一旦休学しました。今ならわかりますが、自分の気持ちがしっかり定まっていないなかでの進学は無理があったのです。

そして、「卒業は絶対に無理だな」というタイミングで退学したのです。大学には18歳で入って22歳まで籍がありました。

まわりから「もったいない！」と言われましたが、同級生よりも一足早く社会に出て社会経験もありましたから、今さら大学生が楽しくワイワイしていることに対して相容れない気持ちもありました。

いわゆる、同級生のみんながリア充なことに対しても、「私はもう十分遊んだ・・・」みたいな冷めた感覚でしょうか。

これが、もし浪人して大学に入っているなら、多少年齢が違っても、やはり同年代ですから仲良くできたのかもしれません。

やはり、社会人をやっていると価値観のギャップがあって、そこに浸りきれなかったと思います。仕事での収入がいいだけに「今さら大学を卒業して就職する」という目標が考えられなくなりました。

今思えば、仕事の量をある程度までセーブしながら大学へ通う道もありました。しかし、自分自身が若くて不器用でうまく折り合いがつかなかったのです。

それでも仕事があるわけだから親も安心だろうと思ったのですが、やはり親はちゃんと大学を卒業して欲しかったようです。

ギャル友達は若くして結婚・妊娠

ギャル時代の友達には若くして妊娠して結婚した子がいます。それで大変な暮らしをしている現実を見ています。

また、ちょっとした借金、ケータイの支払やショッピングのリボ払い、カードキャッシングなど、少しずつ積み上がって借金が200万円くらいになってしまった子もいます。

そういうとき親に経済力があれば救われます。若さゆえの過ちで、まだ出直しができるのです。しかし、そういった協力がなければ、もう自己破産するしかありません。

本当にハタチそこそこで簡単に破産してしまうのです。

もちろん、破産してもまたやり直していくことができるとは思いますが、若くしてお金で失敗してしまうと未来が見えなくなってしまうように思います。

私自身は小さなころから自然にお金に向き合ってきましたが、そういったことを意識しないのはすごく怖いことだと感じたエピソードです。

だからこそ、「道を外れてはいけない」という思いがありました。その結果、私はギャルであっても比較的マジメだったのだと思います。

同じ若者層でもギャルをやっていたころの友達・・・高校に行かない友達などと、大学時代の友達とは価値観がずいぶん違います。大学の友達は「優良企業に就職して、役職について」という考え方が多かったです。

対して、飲食業界には若くして成功した叩き上げの経営者もいっぱいいるわけです。

まだ若いのに「6店舗やっています！」というような人に関わる機会が多くて、当時の私は

「わざわざ大学まで出てがんばっても・・・」という気持ちが芽生え、いつしか「大学になんて行く必要はない」「自分で道を切り開こう！」と決意しました。

また、若いうちにフルコミッションの世界、実力主義を見ていますと、価値観がすごく影響されるのだと思いました。

学校の勉強は不得意かもしれないけれど、そこから叩き上げで出世する人たちもいます。彼らは強烈なパワーを持っています。

不動産業者の世界にも、そのような人たちがいます。

彼らの昔の写真を見たら、元ヤンキーだったり、チャラチャラしたギャル男みたいな感じだったりして、エリートコースとは真逆の自由奔放な生き様がうかがえます。

しかし、女性は男性に比べて絶対に不利です。望まない妊娠、変な男に引っかかるなど、そのようなものに振り回されることもあるからです。

実際に苦しい思いをする友達も見ていますから、私は「どんな境遇に置かれたとしても、自分を見失わないようにしよう」と心に誓っています。

そのころ姉は22歳の大学生で、必死に勉強していました。

医学部なので24歳まで大学に通って、そのあと研修医を2年。医師は立派な仕事ですが、そこに至るまでに大変な苦労をしなければいけないことを理解していました。

それは私には耐えられない。そのような価値観のなかで、不動産投資を知った時に「これだ！」と思ったのです。

20歳になり、仕事も徐々にうまくいき、西新宿に一人暮らしを始めました。

マンションの2階の小さな部屋でした。西新宿には高層ビルが立ち並び、私のマンションの向かいもタワーマンションでした。

ずっとマンションを見ていると、「住みたいなー」とだんだん思いはじめ、内覧に1人で行きました。そして母に、保証人をお願いしました。これまで住んでいた部屋の倍以上する家賃で、今思えば分不相応の憧れでしたが、「一度住んで払えなくなったら実家に戻ればいいや」という安易な考えでした。

母は私の無駄遣いを心配したようで、その保証人をお願いした数日後に開催をしている、不動産投資のセミナーを見つけてきて、「一緒に行かない？」と言ってきました。

私がタワーマンションに住むのを阻止したかったみたいですが、私は何を言っても言うことを聞かない子どもだったので、母は「直接ダメ」とは反対しませんでした。

遠まわしに「高い家賃を払うなら買ったほうがお得」ということを、セミナーで私に勉強させる作戦を考えていたようです。

はじめての不動産投資セミナー

そして、保証人をお願いした数日後に、母と一緒に不動産投資のセミナーに参加しました。そこで生まれてはじめて、不動産投資を知ることになりました。

今では『年収1億円を生み出す「ハイブリッド」不動産投資』（ぱる出版）という本も出されている生形大さんが講師をつとめるセミナーで「家賃収入6500万円になる方法を知りたいですか？」という内容でした。

「サラリーマンを卒業しても、不動産投資で生活ができる」というお話を聞いて、「それに私もチャレンジしてみたい！」と思いました。

当時の私は21歳で、まだ社会に出たばかり。とても引退することなど考える年齢ではないのですが、やはり将来は不安です。

仕事で飲食業界の様々な経営者にお会いしますが、ご存じのように飲食業は浮き沈みが激しく、長く経営していくだけでも大変です。仕事先で出会う「成功している人・成功していない人」を見ると、リスクヘッジではありませんが、自分の労働以外で収入の柱が欲しくなったのです。

そのセミナーでは、すでにサラリーマンを辞めて、大家さんとして暮らしている方もお話していました。

不動産投資の凄さを目の当たりにし、「こんな世界があるのか！」と感動しました。

セミナーの後に懇親会に参加したところ、大家さん方がとても気さくで優しくて、さらに感動しました。

自分の住むために豪華なタワーマンションを借りるよりは、人に住んでもらって家賃を得たほうがいいし、一棟の中の一室である区分マンションを買うよりは、一棟アパートや一棟マンションを買うほうが収益率は高いということを理解しました。

そして、なにより住宅ローン以外にアパート経営として銀行からお金が借りられることを知りました。これは目からウロコでした。

こうして私は不動産投資で一棟物件を買おうと決意したのです。また、このセミナー参加をきっかけに、節約をはじめました。

高校を退学して社会に出るのが早かった私です。人よりスタートが早い分、お金も稼いでいました。親に言われて最低限の貯金は続けていましたが、同年代に比べて使っているお金も多かったのです。

不動産投資の資金は多くあればあるほどいいといいます。節約を徹底させるため、まずは一人暮らしを辞めて、都内にある実家に帰ることにしました。

こうして、母のタワーマンション住ませない作戦は大成功に終わったのです。

第2章

私が不動産投資をオススメするワケ

投資には様々な種類がありますが、第2章では「なぜ私が不動産投資をオススメするのか」についてお話したいと思います。

「不動産投資はお金をたくさんもっている人がやるものでしょ?」と思っている人が多いかもしれません。しかし全くそんなことはありません。

貯金はあったほうが、スムーズに不動産投資をすることができますが、貯金がそれほどなくても問題なくできます。時間があまりない人でも可能なのです。

また、不動産投資の魅力だけでなく、事前に知っておくべきリスクについてもお伝えします。

お金がなくても始められる

不動産へ投資する・・・こう聞くと、ごく限られた一部の資産家や富裕層の話に思えるかもしれません。

私も初めて「不動産投資」という言葉を聞いたときは、遠い世界の話のように感じてピンときませんでした。

ちなみに私は「ゆとり世代」のひとりです。

1991年のバブル崩壊とともに生まれて、18歳でリーマンショックを体験しました。

「今から社会に出る！」「今から大人だぞ！」というときにリーマンショックで世の中が冷えきっていました。

その後も東日本大震災、福島の原発事故が起こっています。

私自身、常に将来への不安がつきまとい、とりあえずいっぱい稼いでおかないと、この先どうなるのかわからない・・・そう考えていました。

人によっては就職に有利なように資格マニアになって頑張る人もいますし、大学や大学院へ進学する率も高くなっています。

そのように自分を武装することに努力する人がいます。

そうかと思えば私の周囲の友だちは、みんな現実から目を背けているのか、あえて将来を考えず「今さえ良ければいい」と能天気にしているタイプもいます。

いずれにせよ、胸の内にくすぶる不安を何とかしようと頑張っている人、むしろ厳しい現実から目をそむけようとしている人、二極化されているような印象を抱きます。

共通の敵は「将来への不安」ということです。


このような不安は、私たちの世代だけでなく、私の親世代であっても共通しているのではないかと思います。

子供の教育・親の介護・自分たちの老後・・・。

それらの不安を解決できるのが不動産投資と考えます。

20代のサラリーマンやOLからすれば、あまりにも現実的でないように感じますが、多額の資金がなくても、時間がなくてもはじめられるのが不動産投資のよさです。

不動産投資には「融資を受けて購入する」という、ほかの投資には無い大きな魅力があるのです。

簡単にいうと銀行など金融機関でお金を借りて物件を買うことができるのです。

私自身、これまで「お金を借りる」なんて、考えたこともなかったのですが、自分が住む用ではなく、人に貸し出す用でアパートや戸建てを購入できることを知ったときは、目からウロコがぽろぽろ落ちました。

もちろん、自己資金として用意できる現金があるにこしたことはありません。しかし、不動産投資に1000万円や1億円などのまとまったお金は必要ないのです。

たとえば、2000万円利回り10%の物件があるとします。自分のお金は100万円だけ使って、それ以外全額ローンで購入するとします。その場合100万円しか使っていないのに、年間200万円の家賃収入を得ることになります。

もちろん、そこからローンを支払ったり、管理費や修繕費、税金などを払う必要があります。そういった経費を除いた分をキャッシュフローといいます。100万円のお金を使って、年に100万円のリターンがあるとすれば、すごくないですか？

マイホームではなく、収益を生む「家」を持つ

「将来の夢は一軒家のマイホームを持ち、休日は家族でお出かけ」

それが目指すべき幸せの形だという思い込みがあります。

先述した通り、私はバブル崩壊後のいわゆる希望のない時代に生まれ育ちました。そのためか「草食」「物欲のない世代」だとか言われることが多いですが、たしかに「かっこいい車が欲しい」「いい家に住みたい」という願望が少ないかもしれません。

私はまわりの友だちに不動産投資をしていることを隠していません。「すごい！　金持ちじゃん？」と言われますが、誰も「どうやってやったの？　教えて」と聞いてきません。興味がないのか、おそらく羨ましいとは思わないのでしょう。

私自身、一度はタワーマンションに住みたいと憧れましたが、買ってまで住みたいとは思えませんでした。

それでも、私より上の年代の方、とくにご家族のいる方は「憧れのマイホーム」を

夢見ることも多いと思います。

でも、ちょっと待ってください。

自分の年収で可能な最大限の住宅ローンを30年で組んで、定年退職ぎりぎりまで働いて返し続けるのが「憧れの生活」なのでしょうか。

今の時代、リストラも多いですすし、体調を崩して働き続けることができなくなる可能性もあります。高い家を買ってしまって、返済に苦しむくらいなら、それは本末転倒ではないでしょうか。

なにより、今は離婚する家庭も多いですから、大人数の家族で暮らす前提自体が不確定な気もします。

ロバートキヨサキ氏の『金持ち父さん　貧乏父さん』（筑摩書房）を読んだ人はご存じかもしれませんが、本来はマイホームを持たなくてよいもの・・・とされています。

自分の通帳の中身を「ポケット」だとします。

マイホームは住宅ローンの支払いがありますから、自分のポケットのお金をどんどん取っていくものです。

サラリーマンの収入は、自分のポケットにお金を入れてくれます。不動産投資で購

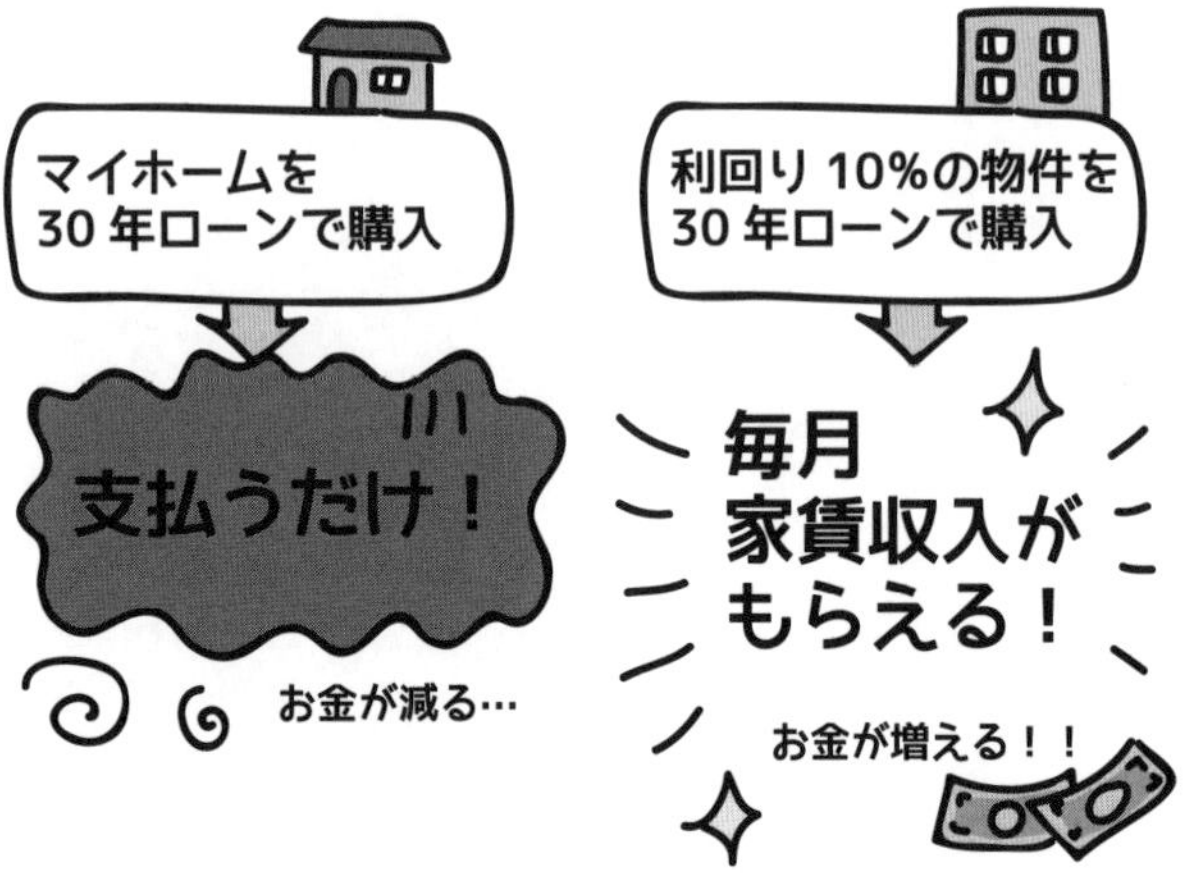

入すれば、さらに自分のポケットに家賃収入というお金がどんどん入ってきます。

マイホームはローンを払い終わった30年後に売れば、「大きな資産になる！」というわけでもありません。

まず、30年前に買った時と同じ金額では売れません。買った当時は新築でも、30年後は築30年の古い物件になっているからです。

働けるうちは賃貸に住み、アパートなどを買って不動産投資を行い、お金を増やしてからマイホームを買うほうが豊かな人生を過ごせると思いませんか？

「借金が怖い」という心理を克服しましょう！

それでは、「住宅ローンを組むのは止めて、融資を受けて賃貸物件を買おう！」と思ったときに一番ネックとなるのはなんでしょうか？


自己資金の少なさ？

家族の反対？

銀行融資が受けられない？


いいえ、違います。最初に克服しなくてはいけないもの。それは自分の心です。

日本では「借金をしては絶対にダメ、借金は怖いもの」と思われています。

唯一、許されるのが住宅ローンくらいで、人によっては自分の借金はもちろんのこと「たとえ配偶者でも保証人のハンコは押してはいけない」と親から教え込まれているケースもあります。

たしかに借金を返せなくなったら大変です。

しかし、借金がすべて悪かといえば、そんなことはありません。

ただ物を消費するために借金をするのはいけませんが、お金を借りることによって利益を生むような借金であれば、これは良い借金です。


そもそも借金できる額は、その人の能力のレベルと言われています。

消費者金融で借金できる金額は大体３００万円くらいですが、不動産投資で借金できる金額は個人によって変わります。

金融機関が個人を評価するために、年収や勤続年数、勤め先の会社の規模や業績、家族構成や資産背景といった細かなことをチェックしますが、一部上場企業のサラリーマンや公務員など、高年収で社会的な信用がある人を「高属性」という言い方をします。

高属性のサラリーマンは多額の融資を受けることができます。

また、自分で事業をしていても、大きな会社の社長さんともなれば、10億円、20億円を借りていたりします。

このように借金をする力は、その人の稼げる力、能力に比例しているのです。だから、ある意味借金ができることはすごいことです。

私はどちらかといえば低属性ですが、それでも借金ができます。これについては第4章で詳しく説明しますね。

家賃収入と売却益（インカムゲインとキャピタルゲイン）・・・不動産投資は二度美味しい！

続いては、不動産投資の儲けの仕組みを説明します。

まず家賃収入は毎月支払われる定収入です。

不動産投資は入居者の方が住んでいる限り、毎月家賃を振り込んでくれますから、安定して毎月家賃が入ってきます。

こういった収入をインカムゲインといいます。

ローンを組んで購入していれば、ローン支払いや経費を指し引いた金額、現金で購入した戸建ては、ほとんど固定資産税以外は経費がかかりませんから、家賃はほぼ全てが収入になっています。

また、物件を売った時に利益が出れば、それはキャピタルゲインです。

とくに物件を上手に安く買っている場合、すぐに売っても利益がでます。

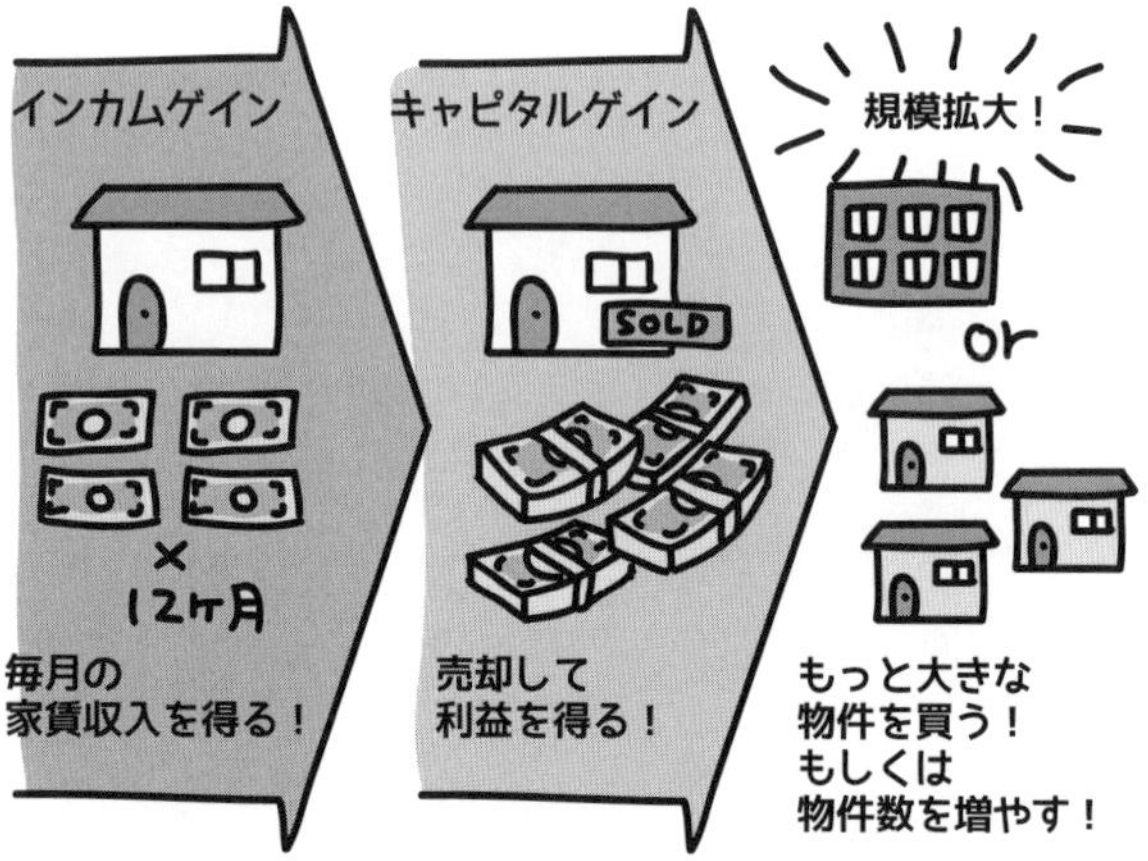

そして物件を購入して10年など、時間が経過している場合はその分返済も進み、残債も減っていますので、たとえ同じ金額で売れたとしても売却益を出すことができます。

このように不動産投資は二度美味しい投資になります。

ただし、インカムゲインを得るためには物件の高稼働が欠かせません。

また、物件の売却でキャピタルゲインを得るためには、安く買って高く売ることが必須条件です。

そして、投資で得たインカムゲイン・キャピタルゲインを使って、次の物件を買い進むことができます。

ただし、投資に絶対はありえません。こ

れらのリスクについては次項で詳しく説明します。

不動産投資のリスク

ここまで不動産投資のメリットをお伝えしましたが、不動産投資にもリスクはあります。不動産投資の代表的なリスクには、次のものがあります。

【不動産投資のリスク】
①火災、地震による建物の倒壊
②空室
③家賃の滞納
④入居者トラブル
⑤物件価格の下落

それぞれ詳しく解説していきます。

①火災、地震による建物の倒壊

不動産投資をはじめる際に、多くの方が心配するのは、火災や地震による建物倒壊や全焼のリスクです。

借金をして買っているのに、建物が燃えてしまったら元も子もありません。

この場合なのですが、基本的に火災保険と地震保険でリスクヘッジします。保険については、第5章で詳しく解説します。

保険とは別のリスクヘッジの方法としては、各自治体が発表しているハザードマップを確認します。

私の場合は、海のある神奈川県で購入しているため津波が心配です。そのため、海抜何メートルなのか、海から何キロ離れているかなどを買う前に確認しています。

さらにいえば、また同じ地域にのみ物件を買い続けるのではなく、地域を分散して購入することでリスク回避になります。ただし、エリアを分散させることにより、投資効率が落ちる・・・という側面もあります。

エリアを集中させることで「物件を探しやすい・管理しやすい・増やしやすい」というメリットがあります。そこでリスクをある程度とって投資効率を重視するのか、それとも多少効率が落ちてもリスク分散をした方がいいのか判断が必要です。

私自身はあえてエリア分散をせず、エリアを決めて集中的に買っていくドミナント戦略を行っています。

②空室

次は空室がずっと続くリスクです。空室が続けば家賃は一円も入ってきません。ちょっと怖い話をしますと、空室が増えてしまった結果、ローンが払えずお給料から補てんするようなケースもあります。

利益を得るためにはじめた不動産投資でマイナスになれば、これはもうやっている意味がありません。

こうした事態を避けるためには、必ず賃貸ニーズのある地域に物件を購入することです。賃貸ニーズを調べるには最寄り駅の乗降者数を調べたり、近隣に大学や企業といった勤め先があるのか、ファミリー向けや郊外・地方の物件であれば、車を置けるかどうかといったことをきちんと調べて買いましょう。

また単身者向けの物件はファミリー物件よりもすぐに退去してしまい、入居募集をしないといけないことが多くなります。

その分利回りはいいのですが、繁忙期以外の時期に空室になった場合、なかなか次の入居が決まらない恐れもあります。その点でいえば、ファミリー物件のほうが長く住む傾向にあります。

ただし、長期入居が見込めるからこそ、ファミリーには空室リスク以外のリスクがあります。いくらキレイに住んでいるご家族でも10年も住めば部屋が傷んで、原状回復費が高くなる傾向があります。

まして、小さなお子さんを育てていれば、特にキッチンやバスルームなどの水回りの使用頻度は高いものです。その点でいえば、単身者向けは頻繁に入退去する分、よほどのことがない限り部屋が破壊的に損傷することはありません。

ファミリー物件をオーナーチェンジで買ったところ、退去が続いて一部屋50万円以上の原状回復費がかかり手元の現金がなくなってしまった・・・そんな話を聞いたことがあります。

空室を埋めることを考えた場合、ファミリーは長く住んでくれますが、退去され新しく募集をするのにコストがかかる可能性があるということを覚えておきましょう。

どうしても空室が埋まらないときは、家具家電付きや初期費用を抑えたり、Wifiをいれたり、空室対策はたくさんあります。この辺は管理会社と二人三脚で対応します。

そして最悪の場合、近隣の相場の家賃より少し家賃を下げれば、入居が決まるでしょう。ある程度、家賃を下げても利益がでるように、購入時に近隣家賃のリサーチを行い、それに見合った金額で購入することも大切です。

③家賃の滞納

空室と並んで、大家さんの敵は家賃の滞納です。

家賃滞納に関しては、入居時の審査をある程度厳しくすることでもリスクヘッジできますが、部屋数が増えると一定の確率で起きてしまいます。基本的には、入居者さんに家賃保証会社に加入してもらうことで、リスクヘッジができます。

もし滞納された場合も保証会社を入れていた場合や、家賃保証をしてくれる管理会社の場合は、未納の家賃を肩代わりしてくれます。

また管理会社さんによっては、滞納家賃の請求をしてくれて、満額の家賃を支払ってくれる会社もあります。

④入居者トラブル

「投資」というと、数字上の利益を求めるイメージがありますが、不動産投資は賃貸不動産の経営です。

人が住む家を提供する仕事ですから、発生するトラブルも人対人が多いです。

よくある入居者トラブルでいうと、「騒音問題」「ゴミ捨ての問題」「ペット飼育のマナー」といった生活上のものが多数を占めます。

自主管理の場合は、これらを大家さん自らが解決しなくてはいけませんが、管理会社に委託していれば、管理会社の担当が問題解決を行います。

ただし、管理会社によって得意不得意もあり、先述した空室の客付が得意な会社もあれば、管理業務が得意な会社もあります。えてしてパーフェクトな会社を見つけるのは難しいものです。この辺の詳しい話は第5章で解説しています。

⑤物件価格の下落

これは売却時に関わってくるリスクですが、買うタイミングも重要です。

バブルがはじけたときのように、急激な物件価格の下落が起こったときは、そのタイミングで売ったら確実に損をします。

たとえば、2011年から2013年までに買っている人なら、値が上がっているかもしれません。

しかし、去年や今年に買っている人から見ると、数年後には購入時より下がってしまうのではないかという不安もあります。いずれにしても、未来は読めません。

また、2011年に安く買えたとしても、高い時期に売らなければ、その利益は確定されないのです。

今、規模を拡大している投資家さんたちは、これまで所有してきた物件をどんどん売っていますが、それはいい時代に買ったものを利益確定させているからです。

それは株の売買と一緒でタイミングを見なければいけません。それと残債がどれだけ減っているのか？

あるいは自分の年齢なども関係します。年齢が高くなってから売買をしたときに、次に購入する物件の融資が受けられなくなる場合もあるからです。


そもそも誰もがいいタイミングで売り買いできるのかといえば、決してそうとは限らないのです。たとえば高値で買ったとしても、「安いときに売らなければいい」という考え方もあるわけです。

それに、ある程度のキャッシュフローを回収してしまえば、損をしない採算ラインが計算できます。

単純計算でいえば、利回り10％で買って10年間所有すれば、すでに投資資金は回収できているということで「下がってもいいじゃないか」という考え方ができます。

いずれにしても、売却するタイミングは自分で決められます。

というのも不動産投資は基本的に家賃収入で、物件のローンを返済していくものです。買ってすぐに高く売って儲けようというのは博打ですし、それは不動産屋さんがやることです。大家さんの私たちは基本的に毎月の家賃収入をあてにして不動産投資をしています。もしも物件の価格が急激に下がったなら、持っている物件は変わらず賃貸に出しながら保有します。

価格が下がった時こそ、全力で安売りしている物件を買います。これは株式と同じ方法です。そして物件価格が戻ったタイミングに売却すれば良いのです。

バブル期のように大幅な値上がりは期待できない反面、株のように何も価値のない紙切れに変わってしまうリスクはありません。

また買うときの注意点とすれば、「出口を想定して購入」するのが大事だと思います。

簡単にいえば、「売却をするときに損はしないか。利益を得ることができるのか」をしっかり計算して購入をすることです。

将来を予測するのは難しいですが、買った段階でその土地を売れば、おおよそこれくらいで売れるという目算が付きます。

実際は売ってみなければわからない部分が多くありますが、何も考えずに購入するよりはリスクヘッジになります。

たとえばブランドバック、アクセサリーの類はそれがどれだけの希少価値を持つか、どれだけマーケットに出まわっているかによっては、その価値が暴落します。

ティファニーの○○といった、とりわけ流行りのブランドものならどんどん価値が下落します。逆にエルメスのバーキンというバックは、マーケットに出まわっていないため、中古品であっても価値があります。

そう考えると、土地にもブランドがありますが、立地や価値を吟味して購入すること、またタイミングを見ることにより、大幅な下落リスクを避けられると考えます。

不動産投資は事業・・・でも、そこまで難しくはない

不動産投資は不労所得とも言われ、「ラクして稼げる!」というイメージもあります。

たしかに満室のときはなにもすることがありません。

結局のところ、不動産投資は購入から売却まで含めて、事業として考えることが不可欠です。株やFXとは違い「買って終わり」というものではないのです。

株は利益が増えたところで、売ればいいだけです。実際何かをしないといけないなどはありません。それに比べて不動産投資は、物件を買うまでや順調に軌道に乗せるまでは、すべきことがたくさんあります。

物件を買うまでにやることは、不動産投資の勉強をすること、それから物件を探し調査し選ぶことです。さらに銀行にローンの審査をお願いしに行くこと、銀行に提出する書類を集めることも必要です。

また、物件を購入したあとには、管理をどうするか決めたり、物件が傷んでいれば人が住めるようにリフォームをすること、空室があれば入居者を募集して満室にすることが必要です。

満室になれば通帳の記帳のみですが、書き出してみると結構することは多く、「仕事が忙しくてなかなか時間がないから無理だ」と思っている方も多いことでしょう。

しかし、休日や仕事が終わったあとの時間を使って、片手間ですることは不可能ではありません。

私も普段仕事をしていて、基本的には日曜日しか休みがありません。それでも、日曜日を使って物件を見に行き物件を購入しました。

私は買いたいと思う物件を見つけたときは、精力的に動きますが、それ以外はほとんど不動産投資に関することは何もしていません。実際、自分で直接動かなければいけない事態は、ごく限られており、その多くはアウトソーシングが可能です。

何をどうすればいいのかは、オーナーとして賃貸経営者としての判断が問われるものの、どこまで賃貸経営に関われるのか、捻出できる時間やかけられるコストによって、やり方を選ぶことができます。


最近は、多くの大家さんが働きながら物件を買っています。不動産投資はむしろ時間がないお仕事をしている人向けなのです。また、そうやってコツコツと賃貸経営を行い、少しずつ物件を増やしていくことで実績をつくることができます。

事業というと敷居が高いように感じますが、たとえば飲食店を開くことに比べれば、ずっと成功率が高いように感じます。

片手間でありながら事業をすることができる・・・これこそ、不動産投資の大きな魅力だと思います。

不動産投資の流れ

STEP１　物件探し（インターネット・紹介）

▼

STEP２　事前調査（インターネット・計算）

▼

STEP３　現地調査（実際に物件を見る）

▼

STEP４　買付（仲介不動産業者へ買付証明の提出）

▼

STEP５　売買契約（買主と売主の契約）

▼

STEP６　融資申し込み～審査

▼

STEP７　金銭消費賃借契約（金融機関との契約）

▼

STEP８　決済（支払い）・引き落とし

▼

STEP９　管理会社選定・契約（入居者募集開始）

▼

STEP１０　（必要あれば）リフォーム

▼

STEP１１　入居（安定的な家賃収入を得る！）

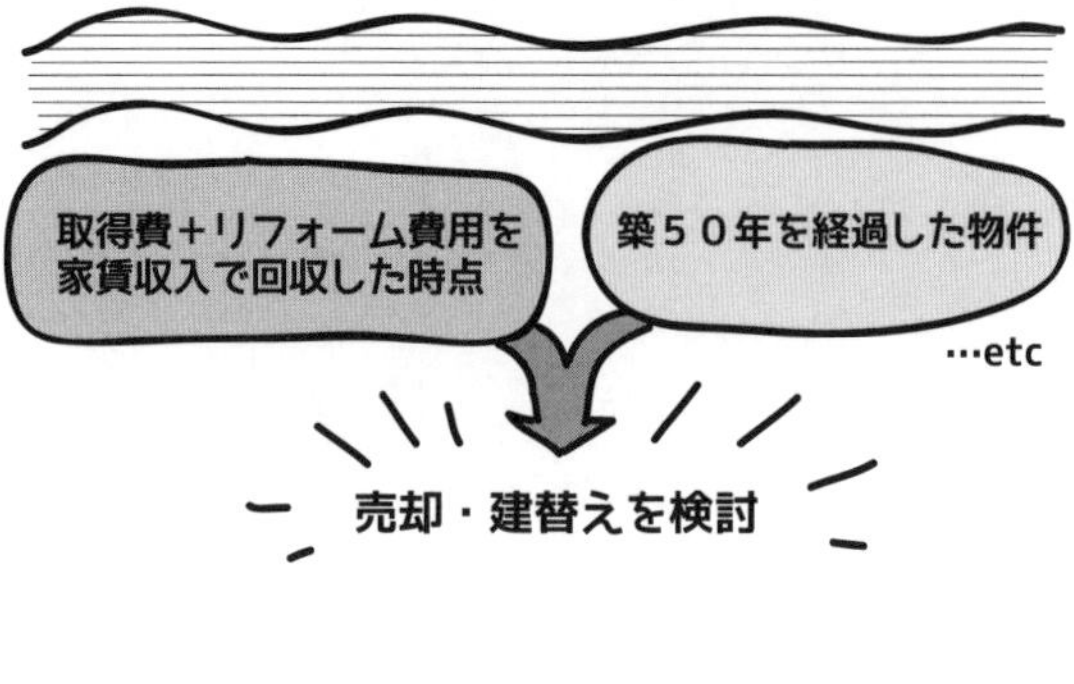

第3章

不動産投資のはじめ方
[準備]

第3章では不動産投資をはじめる前にしておきたい「準備」がテーマです。

賃貸物件はこの世に一つしかありませんから、できる限りよい物件を購入したいものです。

とはいえ、今は不動産投資の情報がものすごくたくさん溢れていますから、「自分にとって、どの物件を選ぶのがベストなのか」は、非常に悩ましいです。

この点を間違えてしまうと、私のように回り道をしなくてはいけません。

ここでは、どうやって準備をしたらいいのか、どんな投資法を選ぶべきかについて、参考になる情報をお届けします。

不動産投資は「勉強」が大事！

まず初歩的な不動産投資の知識を得ましょう。

そうして、不動産業者さんに言われることをすべて鵜呑みにするのではなく、自分の判断基準を持てるようにします。

私自身がどのような勉強の仕方をしてきたのかといいますと、本を読んだり、大家さんの会に足を運び勉強しました。

本は一番簡単に学べる方法です。

不動産投資を実際やっている人にお話を聞くと、皆さん勉強熱心で不動産投資の本をかなり読んでいる方が多いです。

Amazonで不動産投資のカテゴリを見れば、たくさんの本がありますし、紀伊国屋書店のような大きな本屋さんに行けば、書棚まるまる不動産投資のノウハウ本で埋まっているくらいです。

2000円足らずで多くの知識が得られるため、できる限りたくさんの本を読んで勉強することが大事だと思います。

私が読んだのは100冊くらいでしょうか。

まだ自分の投資スタイルが見つからないときは、「これしかない！」と決めつけせず、全方位で読んだ方がよいでしょう。

全方位というのは、特定の投資法だけでなく、新築物件をオススメする本、中古物件をオススメする本、戸建て投資をオススメする本、一棟マンションをオススメする本というふうに、あらゆる投資法の本をまんべんなく読むことです。

不動産投資のやり方には様々なものがありますから、学ぶときには偏った意見を自分の頭の中に取り入れないようにするためです。

ある程度の量を読んで、様々な手法を理解したら、「これは！」と思った投資法を深掘りしていきます。深掘りというのは、その著者さんの本を全て読んだり、セミナーに行って直接お話を聞いてみるなどです。

著者さんのプロフィールに主宰する勉強会の案内やブログなどのＵＲＬが掲載されていることが多いです。

私も本を読んで興味のあった人の勉強会にも参加しました。たとえば女流メガ大家の内本智子さんです。

本でする勉強も大切ですが、会って聞ける生の情報はとても貴重です。

また、自分のステージに合った勉強をすることも大切です。

物件を買うまでは、不動産投資の仕組みや購入に関する本を買って読みますが、買ってからは空室対策やリフォーム術についての本を読む、あるいは税金に関する本を読むなどです。

参加するセミナーや勉強会も初級向けから徐々に中級向けになっていきます。

いずれにしても、物件を購入してからも勉強を続けていく姿勢が大事です。

【私が読んで役立った不動産投資の本やサイト】

『たった4年！　学生大家から純資産6億円を築いた私の投資法　借りて増やす技術』（石渡浩著・SBクリエイティブ）

石渡さんは学生のときから、会社で融資を受けています。私も属性が悪いなか、融資を使った不動産投資をしようとしていたので大変参考になりました。

また昨年の春には、ご自身の不動産所有会社を上場企業グループに4億9200万円でM&Aのひとつである株式譲渡を行って話題になりました。不動産投資にはこんな出口があるのかと驚きました。

『働くアラフォーママが夫にナイショで家賃年収4000万円!』（内本智子著・扶桑社）

内本さんはご主人には不動産投資のことを言わずに、1人で不動産投資をやられている方です。女性1人で物件を買い進めていく姿勢に、非常に励まされました。

また、不動産投資の基本的な情報がしっかり網羅されていて参考になりました。

この書籍は、昨年の秋に改訂版として『子育てアラフォーママはまだまだ夫にナイショで家賃収入1億円突破!』（扶桑社）も発売されています。内本さんが更にパワーアップしておりビックリしました。

『夢とお金をひきよせるソプラノ大家さん流アパート投資のヒミツ―フツーの主婦が「夢のソプラノ歌手」になれた!』（菅原久美子著・ごま書房新社）

ソプラノ大家さんは自分でリフォームをし、また自分で行動して不動産投資をしていて、とても勇気づけられました。秋田県という空室率の高いエリアでほぼ満室経営をしているところは、本当にすごいなと思います。

『資金300万円でも、アパート一棟、買えました! ド素人がリスクを避けて収益物件を作る実践マニュアル』（石原博光著・SBクリエイティブ）

地方高利回り投資で有名な石原さんの3冊目の本です。

石原さんの本はすべて読みましたが、この本は様々な事例が掲載されていて一番参考になりました。物件が買えないときに何度も読み返したことを今でも思いだします。

現在アメリカで戸建て投資をされており、そのノウハウをまとめた書籍『頼れる！海外資産─アメリカ戸建て投資のはじめ方』（技術評論社）も発売されています。

必ず家族に報告する

不動産投資は安くても数百万円、数千万円かかるのは普通で、高くなれば数億円も珍しくないほど「高い買い物」です。

そのうえ、融資を組んで借金をするわけですから、物件を買う前に必ず家族に報告しておきましょう。

奥さんがいる場合、ご主人がいる場合、また年齢が若く、まだ親と同居している場合は、きちんとしないとトラブルの元になります。

真面目でしっかりした家族ほど「投資」や「借金」について、反対される可能性が高いです。

たとえ反対されたとしても、数年安定して不動産投資を出来た場合は、必ず認めてくれます。

また、不動産投資をはじめるにあたって、しっかり勉強したり、節約してお金を貯めるという行動を見せれば、応援してくれるかもしれません。

勉強のために購入した書籍を家族に読んでもらったり、一緒にセミナーに参加してくれるようであれば理想的です。


私自身にはその経験はありませんが、奥さん、ご主人など配偶者に反対されているケースでは、数字を積みあげて説得するよりは、実際にお金が儲かっている様子を見せた方が説得力があるという話も聞きます。私の場合は、基本的には母の協力を得られています。

元ＩＢＭにお勤めで、新築投資で著名な白井知宏さんは著書『元外資系サラリーマンの家賃年収「１億円」構築術』（ごま書房新社）のなかで、親御さんの会社を継いで不動産会社として運営したり、娘さん夫婦が賃貸経営に参加したりと、ご家族で取り組む様子が書かれていました。

こうした形がもっとも理想的だと思います。

まずは300万円、自己資金を貯める

それでは、不動産投資をはじめるにあたって、どれくらいのお金があればいいのでしょうか。

もちろん、現金は潤沢にあるにこしたことはありませんが、まず300万円を目標に貯めるのがいいと思います。

厳しい言い方ですが、300万円を貯められないくらいの人なら、不動産投資をできない場合が多いです。逆に言えば、300万円あれば不動産投資は始められます。

具体的な貯め方を説明します。

まず1か月間の支出をすべて書きます。

そして毎月必ず引かれる固定費をみます。この固定費をいかに安くするかを考えます。固定費を安くすることで、何もしてないのに使っているお金が安くなります。

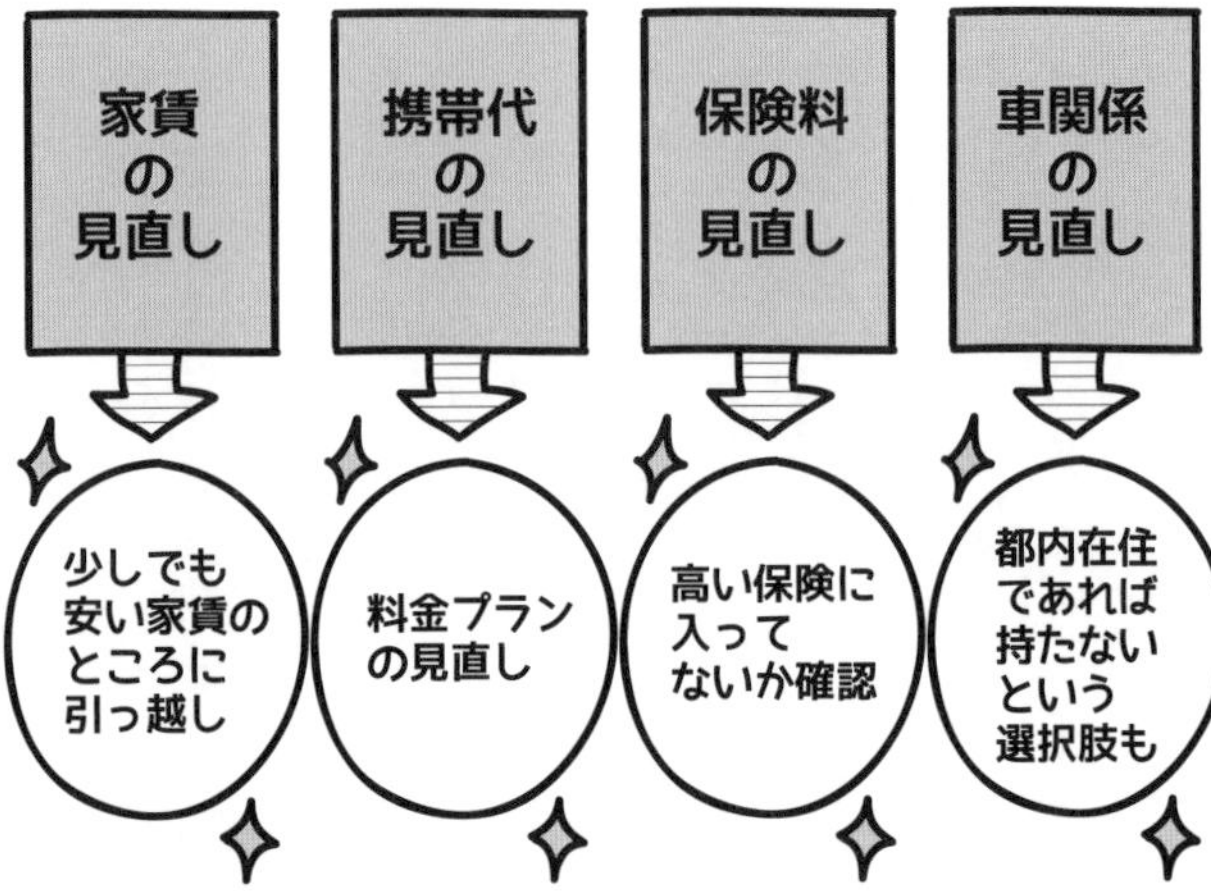

具体的に固定費を減らすためにするのは、家賃、携帯電話、保険料、車関係の費用の見直しです。

これらのなかからいかに減らせるかを考えます。そうして、毎月何もしなくてもかかる費用を減らします。

私はそれまで携帯を2台持ちしていたのですが1台解約しました。また一人暮らしをやめて実家に帰りました。

そして、次は固定費以外のいらない支出を見つけていきます。

私の場合は美容代がそれまではかなりかかっていたので、そこを重点的に減らしました。

・今まで通っていた美容院を辞めて、ホットペッパーで見つけた激安の美容院にする
・ネイル、まつげエクステ、カラーコンタクトは一切やめる
・洋服は基本的に必要最低限しか買わない
・カフェに寄るのが好きだったけど、極力行かない

これらの努力をして、最大に節約していたときで、携帯や保険代も入れて月に6万円でやりくりしていました。
私は節約生活を行う際に参考にしたのは次のものです。

【お金を貯めるのに役立った本】

『誰も教えてくれないお金の話』（うだひろえ著・泉正人監修／サンクチュアリ出版）

この本は節約の基本となるお話です。漫画でわかりやすく説明されていて、私のギャル友だちにも紹介したくなる本です。

『90日間 貯金生活実践ノート』（横山 光昭著／ディスカヴァー・トゥエンティワン）

貯金が90日間でできるようになる実践的な内容が書かれています。これまでなかなか貯められなかった人が、節約生活に切り替えたいというときにオススメです。

とにかく貯金を1万円でも2万円でも定期預金でコツコツすることが大事です。私は通帳から自動で引き落としの定期預金をしていました。そうすることで、通帳の残高が一気に減るので、節約にも身が入ります。

日々の積立にくわえて、不動産投資のキャッシュフローが得られるようになれば、それはすべて貯めていきます。

また三井住友銀行やみずほ銀行などの都市銀行は、地主や資産家ではない限り、不動産投資で融資をしてもらうことは大変難しいと言われています。

なので、融資を出してくれそうな信用金庫や、不動産投資の融資を出すことで積極的な地方銀行に定期預金をするといいです。

また、通帳は今までひとつしか使っていなかったという人も多いと思います。通帳は不動産投資をやるやらないに限らず、3つ持つことをオススメします。

一つは定期預金などの積立貯金用。もう一つは給料の振り込みと直近のクレジットカードの支払いなど専用の通帳。最後のひとつは、基本は貯金だけど特別な出費を出す用。こうして分けて持つことで、今の残高もわかりやすいですし、毎月の支出も抑えらます。

このように貯めた自己資金の使い方ですが、惜しみなく使えばいいのかといえば、それはまた別の話です。なるべく使わない方がいいでしょう。

私自身の経験からいえば、1棟目で「現金で買わずに融資を使う」ということを重視していました。

というのも、私の自己資金は300万円でしたから、そもそも300万円で買える物件が見つかりませんでしたし、たとえ300万円で買える物件を購入したとしても、1棟目でお金を使い果たしてしまえば、次の物件は買えません。

私は1棟目、2棟目で融資を使ってキャッシュフローが出る物件を買っておき、ある程度、キャッシュフローで貯金をつくれるようになってから、3棟目で現金購入をしました。

また前章で先述したように空室や滞納といった様々なリスクにおいて、手元にお金があることで対処ができますから、なるべくお金は手元において増やしていきましょう。

どうして自己資金が必要なのか？

不動産投資は自己資金がなくても始められると言われることもありますが、それはごく一部のエリートサラリーマンだけです。

たとえ、物件価格すべての融資を受けられたとして（これをフルローンといいます）、諸費用がかかります。


【不動産購入にかかる諸費用】
・仲介手数料（売買価格×3%＋6万円）
・司法書士報酬
・印紙代（売買契約書に添付）
・登録免許税
・固定資産税・都市計画税（日割り計算）

また、購入した物件に修繕費がかかるケースもあります。

満室でのオーナーチェンジであっても、購入してすぐに退去が続いて、内装のリフォーム費用がかかることもあります。

かつて、部屋のリフォーム代をすべて入居者に払わせていた時代もありましたが、今はある程度の年数住んでいれば、よっぽど故意に壊した、黙ってペットを飼っていた・・・というケースでもない限り、原状回復費用（部屋を借りる前の状態に戻すリフォーム費用）は大家さんが支払うことが多いです。

そのため、購入時の諸費用にくわえて、購入後の運営費用として、お金を用意しておく必要があります。

また、自己資金をしっかり持つことは、融資を受ける際にも有利に運びます。

お金を貸す側である金融機関からすれば、お金はあればあるほど信頼できるお客さんです。

ある程度の貯金ができるということは、しっかり計画的にお金を使える人である証ですし、貯金がたくさんあれば返済が滞ることがないだろうという安心材料になります。

金融機関から見て「貸したい人」になろう

意外だと思われるかもしれませんが、不動産投資では通帳残高が非常に重要になってきます。というのも金融機関は、きちんと貯金を出来る人か、お金遣いが荒くないかをみています。

お金遣いが荒いと、入ってきた家賃収入を使ってしまい、いきなりの空室で貯金がないとローンの返済が滞ってしまうと考えます。

年収が同じ1000万円の人が2人いたら、「100万円しか貯金がない人」「5000万円の貯金がある人」銀行がどちらにお金を貸したいと思うかは一目瞭然です。

銀行によっては、貯蓄額が高い人には、貯蓄額が低い人より低金利でお金を借りることもできる場合があります。そのため通帳の残高は常に気にしておきましょう。

そのほか、ローン支払いが進んでいれば、マイホームも資産として見てもらえます。たとえ換金はできないにしても、資産として見てもらうことができれば融資には有利です。また、後もう少しで住宅ローンを返し終わるのであれば、その住宅を担保に入れられます。

このように努力を重ねて、金融機関から信頼を持ってもらうことは、属性の低い人こそ絶対に必要です。

この辺の考え方を勉強するには、元メガバンク支店長の菅井敏之さんの本が勉強になります。たくさんの著作がありますが、そのなかから一部をご紹介いたします。

【菅井敏之さんの書籍】

『お金が貯まるのは、どっち!?』（アスコム）

ベストセラーのお金の本です。お金を増やすための法則がわかりやすく書かれています。難しい本が苦手な人にオススメです。

『金の卵を産むニワトリを持ちなさい』（アスコム）

「金の卵を産むニワトリ」として不動産も紹介されています。お金の貯まる方法、銀行がお金を貸したくなる人とはどんな人なのかも書いてあります。

『年収300万円でもお金の心配がなくなるたった1つの方法』（KADOKAWA）

まだ年収の低い若い人向けにぴったりの本です。金融機関を上手に活用する方法が書かれており、とても参考になります。

菅井さんは「お金の専門家」でベストセラー著者として有名な方ですが、じつは不動産投資家で、田園調布にあるカフェ「スジェールコーヒー」のマスターでもあります。そんな菅井さんと最近ご縁ができたので、せっかくの機会ですからどのように金融機関とつきあっていくべきかをお伺いしました。

「皆さんは銀行というとメガバンクを思い浮かべる方が多いかもしれませんが、融資を使って不動産投資をはじめたいのであれば、最強のビジネスパートナーとなるのは信用金庫・地方銀行です。その理由は、信金や地銀にはメガバンクにはない強みがいくつもあるからです。これらの地域の金融機関を使い倒すことが目標を達成させるための鍵になるのです。資産家になりたい人、将来安定した収入を確保したい人は、どんどん臆さず賢くなって、銀行や信用金庫に近づいてください。そして、仲良くなってください」

私も菅井さんの著作を読んで、地域の金融機関を味方につけることは大事だと思いました。

そして、良い物件を見つけるたびにご近所の信金・地銀をまわっています。最初は全く相手にしてくれなかった金融機関も、私の物件が少しずつ増えて小規模ながらも賃貸事業として安定してくることで、多少ではありますが信用されてきたのではないかと感じています。

「地主でも資産家でもない人が、ゼロからスタートするのはなかなか大変なことです。

１人の力だけでやるのではなく、自治体や地域の金融機関、両親など周囲の人々にお願いして力を借りることも大切です。車もいったんスピードが出れば、あとは軽いアクセルで進んでいくものです。まずは最初の一歩を踏み出すこと、そして、身の丈にあった規模から着実に進めていきましょう！」

と、菅井さんから私たちにエールをいただきました。ありがとうございました！

菅井さんには２０１７年3月に行った、「第３回　なこ大家の勉強会」にも講師としてご出演いただきました。投資家さんとしてももちろんですが、誰にでも優しく接するそのお姿を見て、さらに尊敬の人となりました。

不動産投資のやり方には様々な方法がある

さて、次はいよいよ不動産投資の方法です。

不動産投資には、様々なやり方があり、「どれが正しい！」ということはありません。というのも、その投資家の置かれた立場、使える自己資金、属性、得たい利益、目指すゴール、ゴールまでの期間によって、変わってくるからです。

全く同じ投資手法であっても、はじめた時期が変われば市況も変わり、融資の状況も変わるものです。

私は木造の築年数の古いアパートや戸建てをコツコツ買うやり方をしていますが、規模の大きなRCマンションをハイスピードで増やす投資法を行う方、同じ戸建てでもシェアハウスにして高利回りで運用する方、なかにはボロボロ物件を新品同様に再生して甦らせるような投資法を行う方もいます。

ここでは物件の種別による投資法はざっと紹介したいと思います。

●木造

木造にはアパートや戸建てがあります。木造の特徴としては修繕がしやすく、間取り変更も容易です。そして、それらの費用もRC造ほどかからないことです。

欠点は古い木造は金融機関から評価されない（お金が借りにくい）ということです。

木造アパートの投資手法としては、首都圏近郊の新築アパート投資、地方高利回り投資などが有名です。

戸建ての投資手法としては、私のように戸建てを土地値かそれ以下で購入をする投資、少額の戸建てをDIYで甦らせる投資も人気です。また普通に賃貸に出すほか、中古戸建てをシェアハウスにしたり、最近では民泊で収益を上げる方法もあります。

●鉄骨造・RC造

1棟マンション・区分マンションがあります。また、一部店舗付物件や商業ビルもあります。サラリーマン投資家向けの物件は、居住用のマンションがメインです。

特徴としては木造に比べて法定耐用年数（法律で定められた耐用年数）が長く、RC造であれば47年あります。そのため融資期間が長くなります。

たとえば、築20年の木造は耐用年数の残りが2年しかありませんが、築20年のRC造であれば27年あり。長期融資を受けられる可能性が高いです（1棟物件の場合）。

同じ1棟物件でも木造アパートとRC造マンションでいえば、RC造マンションの方が家賃が高いケースが多いです。その代わり修繕費用は木造に比べて高額です。

またエレベーター設備がついていたり、一定以上の規模があれば、法令点検を行う義務があります。具体的にいえば、エレベーター保守点検、消防設備点検などです。

この辺の大規模RC物件にかかる費用については、先述した女流メガ大家さんの内本智子さんの書籍に詳しく掲載されています。

鉄骨造・RC造の投資手法としては、サラリーマン属性を活かして融資を受ける投資手法、法人をつかって買い進む投資手法などがありますが、少ない自己資金で物件購入するハイレバレッジ投資が主流です。

事業家レベルの投資家であれば、ボロボロの1棟マンションを安く購入して再生する投資法を行う方もいます。資金力と高いスキルが必要ですが、所有時には高利回りで運営し、売却時にも利益が出るという、まさに二度美味しい投資法です。

区分マンションと1棟マンションどっちがいい?

RC造のマンション投資といっても、区分マンションと1棟マンションでは大きく違いがあります。まず区分マンションについて、お話させてください。

区分マンションとは1棟マンションのなかの一室を所有する形の不動産投資です。売られているのは投資用に建てられた単身向けの部屋で、場所は都内の好立地に建てられていることが多いです。

新築の区分マンションは、土地代・建物代・建てた業者の取り分・広告費などたくさんの費用が掛かって物件ができあがります。それゆえに、金額が割高になる傾向があります。

販売する側としても、利回りの高くない物件は、普通に勉強している投資家には売れませんから、電話営業などをして投資を知らない方に販売しているケースが多いです。所有しても儲かることは少ないため、主に年収の高い方が節税目的に購入されるのが一般的です。

投資用ではなくてマイホーム用の区分マンションであれば、自分が住む目的ということで採算度外視で購入することもあるでしょう。

また、購入する地域に勢いがある場合は、将来の値上がりを期待して物件を購入する投資法もあります。

最近では、豊洲などの湾岸エリアや、武蔵小杉のタワーマンションは新築で購入してすぐに売却して、利益が出たお話を聞きます。

この場合はキャピタルゲイン狙いの投資となり、利回りは期待できません。

最近は利回りの良いものをなかなか見かけませんが、中古の区分マンションに投資をすることもできます。

しかし、土地の持ち分が少ない場合が多いので、銀行の評価が出ないことが多いです。それなので、銀行のローンを組むのが難しい場合があります。

また、当たり前のことですが1室だけ購入するため、満室になっても1室分しか利益がでません。

建物のなかの一部分だけを所有するため、管理や共有部の修繕に手間はかかりませんが、管理費・修繕積立費といったコストがかかります。

この費用は空室であっても支払わなくてはならず、またその物件によって値段も変わります。


対して1棟物件はアパートやマンションの1棟まるごとを所有します。

土地付ですので区分に比べて評価はでやすいですが、建物が古い場合は先述した耐用年数の問題で融資は出にくくなります。

また、複数の部屋があり全室が一斉退去するという可能性が少ないため、その分空室リスクは減ります。

くわえて不動産を購入するときの手間は、1棟であっても、区分であっても同じです。銀行に行く回数も、物件を見に行く手間も、規模の差があっても変わりません。もし5つ物件を購入したとして、区分マンションの場合は5室のみですが、1棟の場合は、規模にもよりますが、1棟4室の小ぶりなアパートだとしても20室となり、区分に比べて規模拡大が容易です。

デメリットでいえば、区分では考えなくてもよい共有部についても管理しなくてはいけないことです。

屋根や外壁の塗装といった大規模修繕、ポストや駐輪場、ゴミ置き場の管理、敷地が広ければ雑草を抜いたりと意外に手間と費用がかかります。

このように投資観点からいえば、1棟の方が効率は良いですが、不動産投資の初心者からすれば、荷が重く感じるかもしれません。

かといって新築区分では利益がでにくく、中古区分は手軽な価格のものや利回りの高いものは人気があり、なかなか買えません。

その場合にオススメなのは戸建てです。

戸建ては1軒ずつ、区分なら1室ずつと同じようにスピードは遅いですが、戸建ては土地があるため、区分よりは金融機関から評価されやすいです。

また単身向けの多い区分に比べて、戸建てはファミリー向けが多く、家賃の価格帯が低めの郊外であっても、単身向けよりは家賃がとれます。

くわえて言えば単身とファミリーでは、ファミリーの方が長く入居する傾向にあります。

懸念事項としては、戸建てもまた1棟物件と同じく建物の内側だけでなく、外側や外構のことも考えなくてはいけませんが、集合住宅と違って共有部という考え方はなく、庭の管理や玄関まわりの掃除といったことは入居者が行います。

出口を考えたときも、単身向けの投資用区分は投資家だけがターゲットですが、戸建てであれば投資家にもマイホーム向けにも売れますし、更地として土地として売ることもできます。

築古物件はメンテナンスが必要だけれど、とっても安い

次に新築物件と、築古物件の違いについて説明します。

新築物件のメリットといえば、建物はピカピカの新品ですからキレイで入居付がし

やすいということです。

また、新築の建物は「住宅の品質確保の促進等に関する法律」（略して品確法）により、その躯体は10年間保証が義務付けられていますから安心です。

メンテナンスについても当初10年程度は必要もなく、物件を管理するのもラクといわれています。

しかし、新しい物件は金額が高いです。建物の代金には当然のことながら工務店の利益が乗っていますから、実費以上の金額を支払わなくてはいけません。

自分自身でプランニングして、設計士さんや安くて信頼できる工務店を手配できるようなスキルがあればいいですが、普通にアパートメーカー（とくに大手アパートメーカー）で買ってしまえば、かなり高い買い物となります。

対して築年数が経っている物件は安いです。

というのも、先述のとおり木造の建築物の法定耐用年数は22年と決められており、実際には22年過ぎても建物は使用できますが、担保としては無価値と見なされてしまうからです。

つまり、値段がつけられなくなるのです。そのため、とくに戸建てでは「古いから建物代を無料にして、２０００万円の土地の値段で売りますよ」という形で売られているこ とが多いです。

これがもし新築の場合は、２０００万円の土地代に、建物の建築費が４０００万円などかかり、合計６０００万円で売りに出ていることが多いです。

同じ立地のアパートでも、新しいか古いかで２０００万円、６０００万円という差になります。

しかし、古い物件にはそれだけデメリットもあります。

築年数が経過している分、リフォームや客付けに手間がかかります。

ですが、より不動産の知識をつけることで対処ができます。リフォームの仕方や、どうやったら満室になるのかといったノウハウを学ぶことができます。

またリフォームが必要だと思うと大変なようですが、購入時にリフォーム費用も合せて借りることができます。

リフォーム費用だけで借りると、融資期間が5年や10年と短いため、物件購入時で上乗せすることで長期融資が可能です。

古くてボロい物件というと抵抗があるかもしれませんが、投資はまず小さくはじめることをオススメします。

安くて規模も小さな古いアパートもしくは戸建てなどを選べば、思ったようにうまくいかなくても、失敗も小さくて済みます。

物件を買って満室経営を順調にできたときは、次は規模のもっと大きな物件を買ってもいいですし、新築物件を検討してもいいのではないでしょうか。

都会の物件VS地方の物件

そのほか、投資家が悩ましく思うことに「投資エリア」があります。

東京23区内のような都会の物件は、賃貸需要の観点、資産価値の観点からいえば土地値が高く利回りが低いです。

そもそも、銀座のような一等地の物件は、個人のサラリーマン投資家が購入するようなものではありません。

購入できる範囲の物件といえば、区分マンションです。区分マンションは先述したとおり、1棟マンションのなかの一部屋を購入することになり、いくら良い場所にあっても資産価値は出にくいです。

それこそ、六本木や表参道なような場所ならば良いかもしれませんが、やはり価格が高くなります。


対して、地方物件は土地が安く利回りが高いという特徴がありますが、利回りを高くしなければ、買い手のつかない物件という意味でもあります。

とくに地方ではその賃貸需要が心配されています。

しかし、人口減少を心配するならば、日本全体が少子高齢化ですし、人口は首都圏に集中しています。

首都圏というと東京都以外に千葉・埼玉・神奈川なども含まれますし、東京だって市部になれば、かなりの田舎もあります。そうやって突き詰めて考えていくと、「都心以外はまったくダメ」ということになってしまいます。

実際にはそこまで極端ではなく、その地域によって変わってくると思います。

つまり、地方でも都会でも賃貸ニーズがあるところ、ないところもあるということです。

注意する点といえば、地方は一つの企業や大学など一定の賃貸ニーズに頼る傾向にあります。そして、工場の撤退、大学の移転というのは珍しくありません。

そのほか、地方では地主さんが多く、相続税対策のために新築物件をたくさん建てています。

その結果、さほど需要がない地域であるにも関わらず、供給過剰となってしまい空室が溢れて家賃が下落する・・・という笑えない事態にもなりえます。

もうひとつ、よく言われることに投資をする地域に「土地勘は必要か？」という疑問もあります。自分の住んでいる家の近くや、自分の地元など元から知っている地域の方が、投資しやすいという考え方です。

私は土地勘があった方が投資しやすいと考えていますが、投資家によっては全く知らない遠隔地でも上手に物件購入して満室運営されている方もいます。

男性は、どんなに遠くても物件が良ければ購入するという人が多いように感じます。そして、お話を聞いていると、女性の方は自分の住まいの近くに物件を購入している方が多く感じます。

女性のほうが心配症な方が多いからかなと思いますが、もし何かあったときに、遠方の物件は、まず見に行くのに一苦労です。

空室が多ければ、現地に出向く機会も増えますし、その分だけ時間もお金も使います。その点、すぐに見に行ける距離だと安心です。

もうひとついえば、融資を受ける際には、住まいや勤め先の近くにある金融機関が借りやすいです。メガバンクは全国展開していますが、地方銀行では投資エリアが決まっているケースが多いです。

信用金庫になると、かなり地元密着になるので、どこの金融機関ともお付き合いができるような資産家や高収入のサラリーマン、医者や弁護士などの士業の方なら、場所にこだわることはないかもしれませんが、私のようなハンデのある非正規社員は、土地勘のあるエリアで地元の金融機関とお付き合いするというのは、一つの王道なのかと思います。

ちなみに私は住まいが世田谷区で、地元というと東京都内になるのですが、都内だけ見ていると値段が高くて採算が合わなくなってしまうので、「家から通える範囲」という条件で一都三県に広げて探していました。

そして、最初の頃は千葉県や埼玉県でも物件を見に行っていましたが、意外に遠いので、今は神奈川県に絞って購入しています。

このように同じ地域に集中して投資することをドミナント戦略といいます。

ネットで物件を見てみよう

不動産投資を理解してきたところで、物件情報を実際にインターネットで見てみましょう。アパートなど投資用不動産を専門に扱っているサイトもあります。

以下の2つのサイトは投資用不動産が多数載っています。また有名大家さんのコラムが掲載されており参考になります。また戸建てを探すには、アパートは載っていませんが、投資用だけでなく一戸建てや土地がメインのサイトもチェックします。

【投資用不動産サイト】

●楽待　http://www.rakumachi.jp/

●建美家　https://www.kenbiya.com/

【それ以外の不動産サイト】

●SUUMO　http://suumo.jp/

●HOMES　http://www.homes.co.jp/

●Yahoo!不動産　https://realestate.yahoo.co.jp/

その他、不動産業者さんのサイト「三井のリハウス」「住友不動産」「東急リバブル」といった大手では自社サイトが充実しています。ここは自社で専門に取り扱っている物件が載っていることが多いです。

インターネットで物件を探すときは、エリア・物件種別・築年数など検索条件がなければ探せません。

ですから順番としては、まず本を読んで知識を得て、自分のやりたい投資法や、それに相応しい物件をどうやって買えばいいのかを決めてから探すのが理想的ですが、まだ自分の投資方針がかたまっていなくても、気になるエリアや自分の地元や出身地など、縁のある地域をチェックしていけば、相場感が養われていくと思います。

この相場感はとても重要です。

不動産投資は最初の物件選びで、その後うまくいくかが左右されます。

私は基本的にボロ物件なので、金額の安い順番に全て物件を並べて1つずつ見ることが多いです。

次章では、具体的に物件の探し方から購入方法までを解説します！

第4章

なこ流物件購入術
[物件選定・融資]

第4章では実際に不動産投資を行う方法がテーマです。

物件の探し方、調査、どのようにして購入していくのか・・・その方法にはいくつかのやり方があります。

その人の仕事、家庭、置かれた立場、住む場所、性格、預貯金といった資産背景によっても、向き不向きがあります。

ここでは20代で非正規社員といった社会的信用が低い私のような立場の人向けのノウハウをお伝えします。

「良い物件がなかなかない」と言われるなかで、どのように物件を探して買っていけばいいのか、ぜひ参考にしてください。

4章

物件探しから購入の流れ

詳しい解説に入るまでに、初心者の方向けに購入までの流れをざっと説明します。
これは、融資を使う不動産投資では共通しています。

【物件探し～購入までの流れ】
①物件探し（インターネット・紹介）
②事前調査（インターネット・計算）
③現地調査（実際に物件を見る）
④買付（仲介不動産業者へ買付証明の提出）
⑤売買契約（買主と売主の契約）
⑥融資申込み～審査
⑦金銭消費貸借契約（金融機関との契約）
⑧決済（支払い）
⑨引き渡し

まずは物件探しですが、第3章で紹介しましたが、今は簡単にインターネットで物件検索ができます。

毎日サイトをチェックして、気になる物件を探していきましょう。気になる物件を見つけたら業者さんに電話して、「この物件が気になるのでマイソク（物件資料）を送ってください」と伝えて送ってもらいます。

問合せはメールではなく電話なのは、スピードを重視しているからです。そしてマイソクはメール添付で送ってもらいます。それを見たら現地まで見に行く価値があるほどお買い得なのか、そうでないのかの判断をします。

また、物件情報を入手するにはインターネットのほかに紹介があります。

不動産は基本的に、全く同じ物件はこの世に存在しません。

いい物件が出ても、この先いつまたいい物件が出るかも分からないですし、相場が高くなって買えなくなってしまうこともあります。

また、株やFXのように、買おうと思ったら買えるのではなく、基本的に不動産業者さんが関わるなかでしか買えません。

そこで、インターネットでの物件探しと並行して、自分が買いたい物件が不動産業者さんのところに入ってきたら、一番に紹介してもらえるような人脈を作っておくようにしましょう。

具体的には、インターネットで物件を探し、気になる物件があれば、問合せをして資料を送ってもらうまでは同じです。そして、物件調査に出向いた際、不動産業者さんに会ったときに自分の資産や年収をすべて正直に伝えます。

会ったばかりの人にすべてを伝えるのは抵抗あると思いますが、不動産業者の方は、「この貯金額と年収だったらこの銀行でこの金額までなら融資が組める」など、とても詳しく理解しています。ですから正直に伝えたほうが、自分に合った買える物件を紹介してもらえる確率が上がります。逆に正直に伝えないと、物件を紹介してもらえなくなります。

また、安く購入したいのは誰しも同じですが、あまりに自分本位に強引な指値をすると、不動産業者さんから付き合いにくいと思われるようです。

このように業者さんに積極的なアプローチをしながら、物件を探して見に行くことを繰り返していけば、そのうち直接連絡先を知る不動産業者さんも増えていきます。

また、その際に知り合いの不動産業者さんに定期的に連絡することも大事です。というのも、一度会ったくらいでは忘れられてしまうからです。
「こんな物件がほしくて、今貯金がこのくらいです。いい物件がでたら、よろしくお願いします」と伝えておくだけでも、条件が同じ物件が出たときに、思い出してもらえます。

さて、そんな風にして自分で物件情報を見つけたり、業者さんから物件情報をいただいたら、1時間くらいかけて机上の事前調査をします。そして現地調査に行くか判断します。

問題がなければすぐに電話して「見に行きます！」と連絡をします。見に行かない場合は「今回はやめておきます」とお断りします。

断りの理由としては、「高すぎる」、あるいは、あらかじめ指値がどれくらいできそうか金額を聞いて、指値が難しそうであればお断りしています。先述したように、いきなり無謀な指値をするのは業者さんに対しても申し訳ないですし、良い印象を与えないからです。

マイソクをチェックする

事前調査に入る前段階として、送られてきたマイソクといわれる物件情報のチェックをします。

マイソクには物件の所在地をはじめ、その物件の土地と建物についての情報が掲載されています。建物は広さ、構造や築年数、間取りや設備です。ここで私がチェックするのは土地です。

【物件情報の見方】
・建蔽率（けんぺいりつ）・・・これは土地の広さに対してどれだけの1階部分を建てられるかの比率を表しています
・容積率・・・敷地面積に対する建物の延べ床面積の割合のことを言います
・建蔽率オーバー・容積率オーバー・・・指定されている面積よりも大きく建っている建物のことをいいます

建蔽率・容積率オーバーの物件は基本的に銀行融資が付きにくいです。

もし自分が建蔽率・容積率オーバーの物件を購入できたとしても、自分が売却するときになって買い手の銀行融資がつかずに売れなくなる可能性があります。

そのため最初は建蔽率容積率オーバーの物件は買わないほうがいいかもしれません。

・接道状況・・・建築基準法上の道路に面していないと建物の建て直しはできません。

きちんと接道に面しているか、建て直しができるか、確認しておきましょう。

建て直しが出来ないことを再建築不可というのですが、物件情報に最初から再建築不可と載っている場合があります。

再建築が出来ない物件の場合は、土地の価値がかなり下がるので、物件価格もとても低い場合が多いです。また再建築不可物件も売却の時に苦戦しますので、1棟目では購入しないほうが良いです。

これらの建蔽率・容積率オーバーの物件、再建築が出来ない物件は、相場より安く売っている場合が多いので、見落とさないようにしましょう。

またマイソクに「土砂災害警戒区域」や「津波災害警戒区域」など補足で書いてある場合がありますので、そこも確認しておきましょう。

もしも、物件情報にわからないフレーズがあったときは、インターネットで検索すると、すぐに意味が分かる場合がほとんどなので、わからないことがある場合は検索します。

次項からは、物件を買ってもいいものなのかを具体的に調べる方法を紹介していきます。

事前調査【価格】物件価格が割安か調べる（土地の実勢価格を調べる）

まず物件価格が割安かどうか調べます。この相場の調べ方ですが、ホームズやスーモのボロ家であれば、その近くの土地を見て、どれくらいの値段なのかを確認します。

木造アパートや戸建ては、土地に建物が建っている状態です。

そこで建物が建っていない場合の土地の相場価格を調べます。これを実勢価格といいます。

築古物件の場合は、基本的にほとんど建物の値段は入っていない状態で売られている場合が多いです。

実勢価格が1000万円の物件を1200万円で買うと損する可能性が高く、800万円で買えたらお得な場合が多いです。

できれば実勢価格より安く買って、売るときは実勢価格より高く売るのが理想です。

築古の主に築22年以降の木造物件の価格が割安か、調べ方を紹介します。

まず気になる物件の地域と値段を確認します。HOMESやYAHOO!不動産で、物件の近隣の土地の値段を検索します。

すると、100平米の土地が○○○万円、300平米の土地が○○○万円といった情報が出てきます。

一番近くにある土地や、平米数が近い土地から、大体の土地の価格を調べます。

しかしこれは、今売り出している価格で、実際にいくらで取引されるかはわかりません。

確かな実勢価格というより、売り出し価格になります。

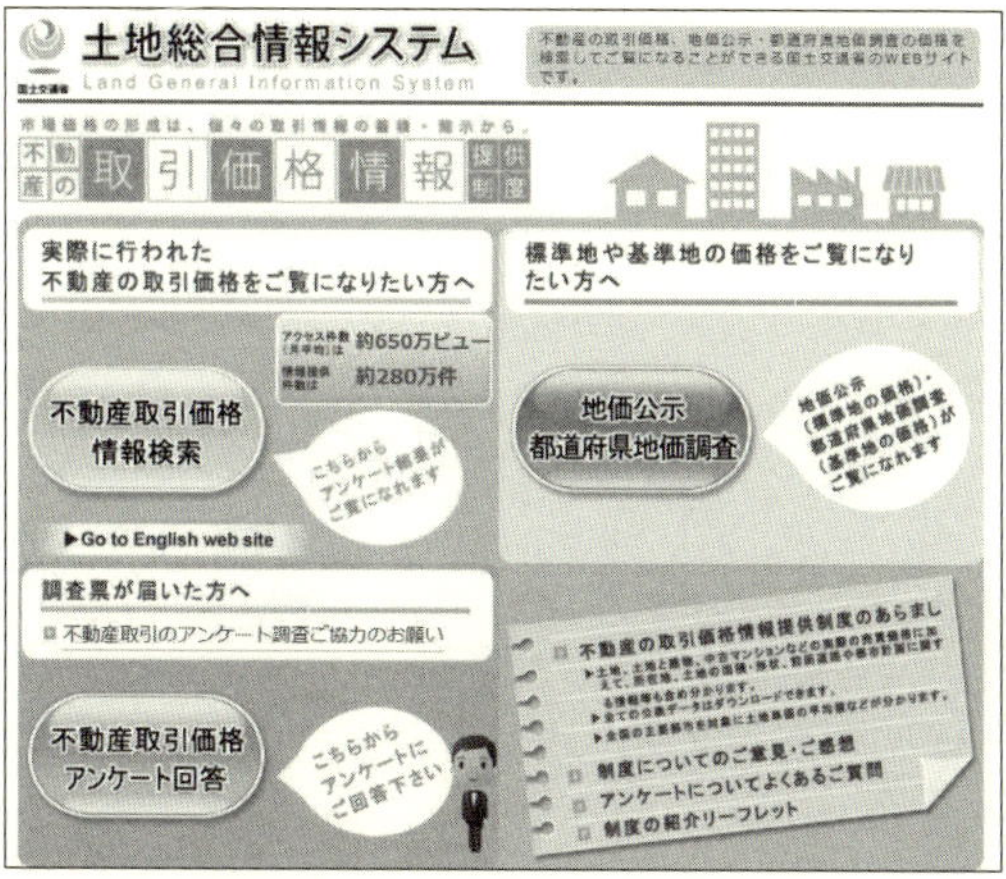

●国土交通省／土地総合情報システム　http://www.land.mlit.go.jp/webland/

次に国土交通省の土地総合情報システムを利用します。

このサイトでは実際に過去の土地の取引で、いくらで売れたのかがわかります。

これらの情報を見て自分で調べたおおよその土地の価格と、気になる物件の売値が同じくらいのときは、第一段階クリアとなります。

調べた価格より、500万円や1000万円など、物件の3割ほど金額が高い物件の場合は、買うには割高な物件だと判断します。

事前調査【評価】土地・建物の評価を計算する

不動産には積算価格という金融機関が主に使う、価格の出し方があります。

金融機関へ「物件に融資をしてください」と、物件情報を持っていくと、必ずこの積算価格を出されます。

この積算価格より、高額な融資を銀行は出してくれないことが多いです。「融資は積算価格の7割まで」などという条件を出してくることもあります。

この○割のことを「かけ目」といいます。「かけ目」は金融機関によって変わります。例外もあり、他に担保となる現金で買った物件がある場合や、相当な現金がある場合などです。ですから積算価格は銀行に物件を持って相談に行く前に自身で調べて把握しておきましょう。

積算価格も実勢価格同様、土地の価格と建物の価格の合計金額になります。これは実勢価格のおおよその価格と違い、明確な金額が計算式によって出すことができます。

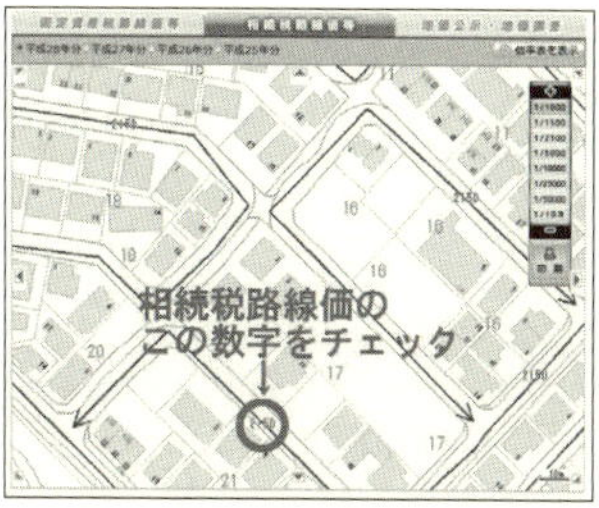

●全国地価マップ　http://www.chikamap.jp/

①土地の評価を計算する

まず土地の評価の仕方です。これもインターネット検索をします。主に、「相続税評価額路線価」や「公示地価」というものを参考にします。

資産評価システム研究センターが運営している「全国地価マップ」というサイトがとても見やすくなっています。

このサイトで住所を入力すると、地図が出てきます。地図の上に、「固定資産税路線価等」「相続税路線価等」「地価公示・地価調査」という文字があります。その中の「相続税路線価等」をクリックします。

自分の検索したい物件が、接している道に書いてある金額を確認します。たとえば

245Dなどと書いてあります。

その場合245というのは「1平米あたり24・5万円」いうことになります。もし100平米の土地の場合は24・5万円×100平米で、土地の価格は2450万円になります。

また、角地の土地の場合は、接している道の価格で高いほうの価格で計算します。そして、算出された価格へさらに1割かけます。「旗竿地」という、接している道路が少ない土地の場合は、一般的には3割ほど低く評価されます。

今ではなかなか見かけませんが、かつては「積算以下」の物件が結構ありましたし、私も2棟目物件は「積算以下」で買いました。

最近は、積算評価ではなく収益評価を重視する金融機関が増えていることもあり、「積算以下に、どうしてこだわるのですか?」と逆に言われたりします。

現在、私の基準は実勢価格、路線価を調べたうえで、なるべく路線価に近く、かつ実勢価格より低い物件を購入するようにしています。

その際に「何%でなくてはいけない」といった基準は設けていません。

土地値は一番重視していますが、賃貸ニーズや建物の状態、駅からのアクセスといった条件もあわせて総合的に判断しているからです。

②建物の評価を計算する

次は建物の積算価格の出し方です。

建物の積算価格＝再調達価格×延べ床面積×（残耐用年数÷耐用年数）

という計算式になります。難しい用語がたくさん出てきますので説明しますね。
再調達価格とは、建物を再度新築した場合の価格のことをいいます。建物の構造によって、価格が決められています。

【建物の再調達価格】
・鉄筋コンクリート造（RC造）は20万円／平米
・重量鉄骨造は18万円／平米
・軽量鉄骨造は15万円／平米
・木造は15万円／平米

耐用年数とは、建物の構造によって、国に法定耐用年数が決められています。

【建物の法定耐用年数】
・鉄筋コンクリート造（RC造）は47年
・重量鉄骨造34年
・木造22年

残耐用年数とは、残りの耐用年数のことをさします。それでは、具体的に計算をしてみましょう。

この場合の計算式は、次の通りです。

【例】 築10年／木造／延べ床面積80平米

建物の積算価格＝15万円（木造の再調達価格）×80平米（延床面積）×（12÷22）

よって積算価格は、654万円になります。

事前調査【利益】ローン返済後の利益を計算

続いて、物件を購入したあと、具体的にどれくらいの利益が出るかを計算します。

おそらく物件情報をくれた不動産業者さんが、不動産投資に強ければ、「ここの銀行で融資が何年引けて、金利が何パーセントで・・・」などを教えてくれることが多いです。

また、自分で「ここの銀行なら融資してもらえるかもしれない」と、わかっている場合は、その銀行の金利などの条件を知っている場合があります。

そのときの融資の条件だと、毎月いくらずつの返済になるのか計算します。これもまたインターネットで検索します。

「ローン計算」で検索すると、ローンの金額を算出してくれるサイトがたくさん出てきます。そこで金額・金利・何年間で借りるのかを入力すると、毎月の返済額が出てきます。

私はいつも「@ローン計算／金利計算　シミュレーション」というサイトを使って

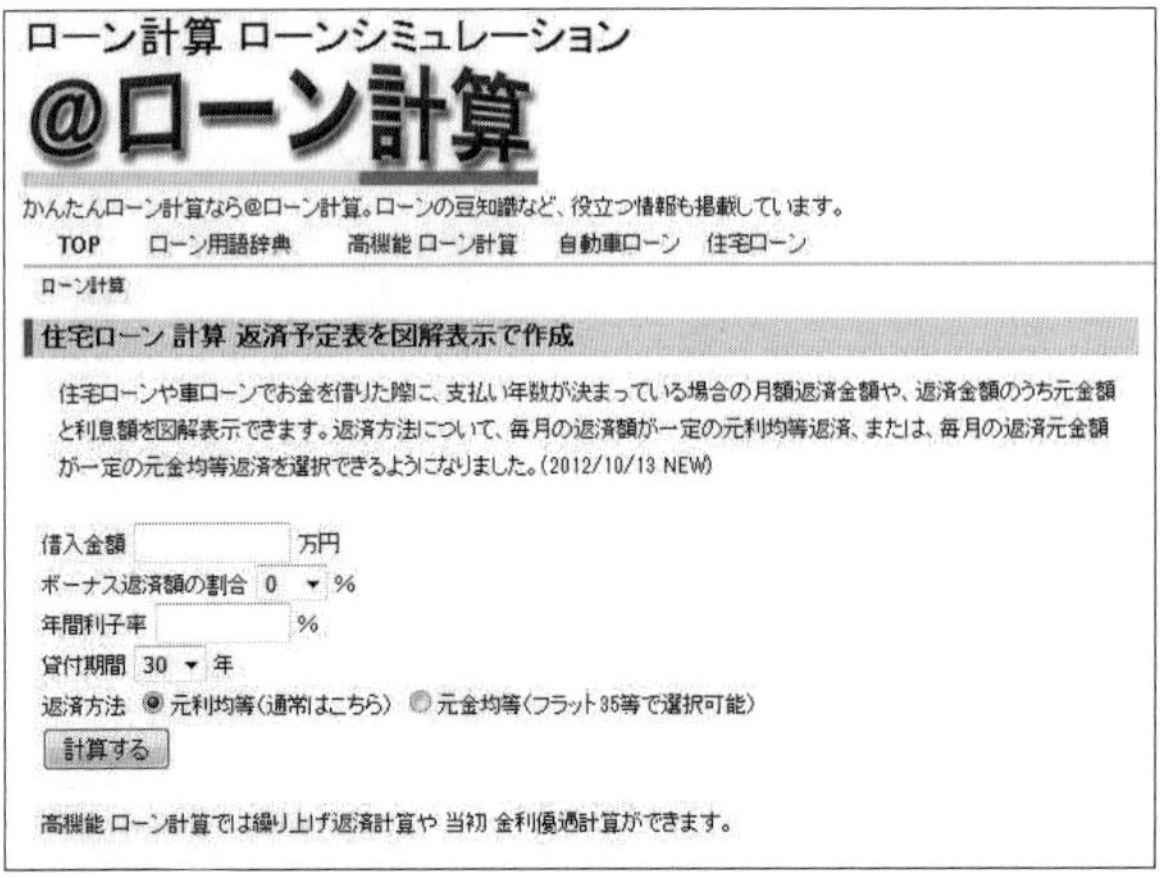

●@ローン計算／金利計算 シミュレーション　www.loankeisan.com

います。

また、入力欄で元利均等法や元金均等法を選ぶところが出てくることが多いです。元利均等法とは、毎月の支払い金額が一定で、返済計画が立てやすいです。

元金均等法は、毎月お支払いいただく返済額のうち、元金の額が一定です。元利均等返済に比べて、元金の減少が早いため、返済が進むにつれて、毎月の返済額は少なくなります。

もともと金融機関によって、どっちの返済法か指定されていることが多いので、不動産業者の方に聞いておくとよいでしょう。

そして、買いたい物件の満室時の月の家賃収入と毎月の返済額を比べます。これを

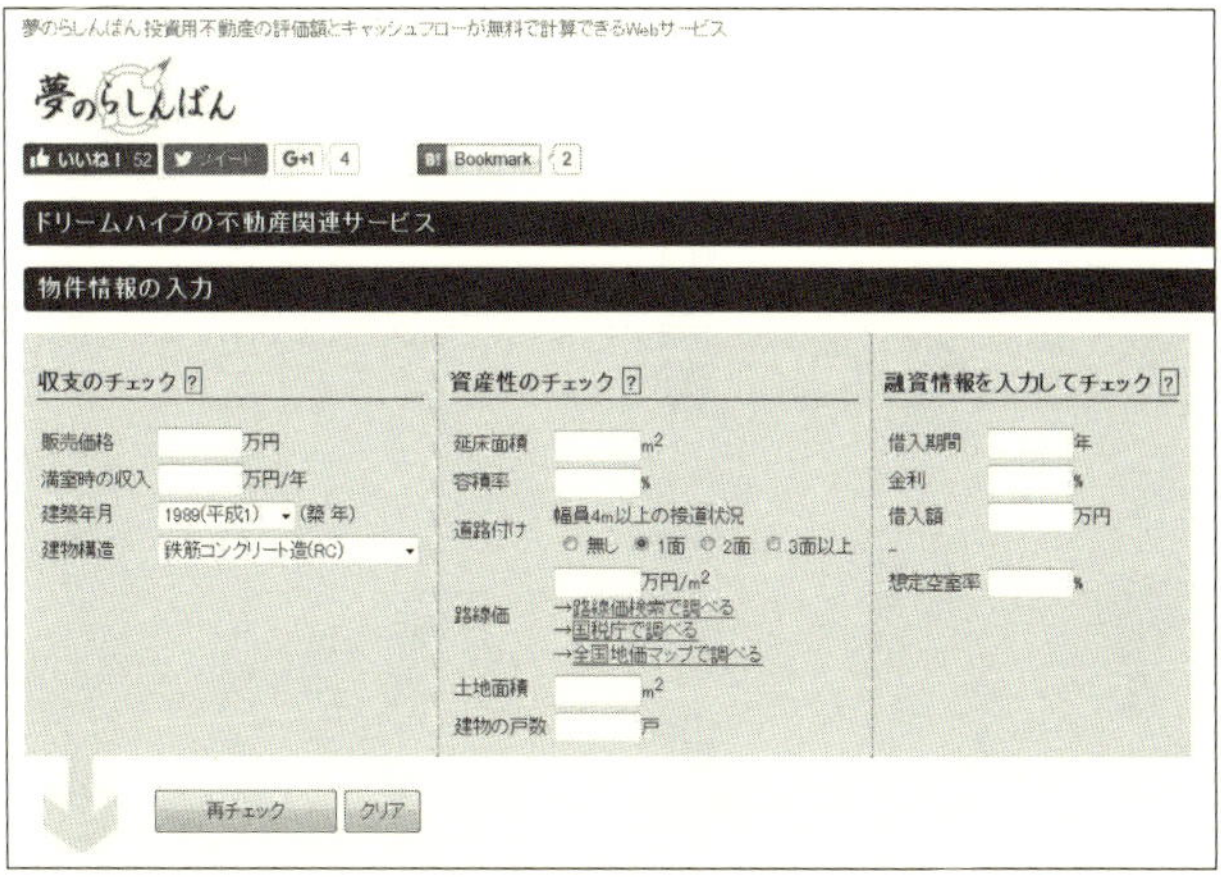

●夢のらしんばん　http://services.dreamhive.co.jp/realestate/evaluation/

「返済比率」といいます。

家賃収入が20万円でローンの返済額が10万円のときは、10÷20で返済比率50％になります。家賃収入が20万円でローンの返済額が15万円のときは15÷20で返済比率は75％になります。

不動産投資では、返済比率が50％以下になるのがいいと言われています。もし80％や90％になる場合は、ローンを払えなくなるリスクが高くなります。

空室が急にたくさん出た場合、ローンが返せなくなってしまうことや、建物の劣化で修理代が必要になった場合、手元にお金がなくて修理できないということになります。

基本的に、物件の満室の家賃収入の半分

のローン返済が理想といわれています。無理な返済にならないような物件を選ぶことも大切です。返済比率は低ければ低いほど安心ですが、最初はなかなか難しいので50%を目標にしましょう。

また、投資用不動産の評価額とキャッシュフローが無料で計算できるWebサービスとして「夢のらしんばん」がオススメです。ここに入力すると、積算価格や返済比率などがわかります。物件情報をささっと入力して、大まかな物件の判断材料ができます。

事前調査【需要】賃貸ニーズがどのくらいあるか調べる

物件選びでは、賃貸需要がある場所か調べてから買う必要があります。

どんなに安く、条件のいい物件を購入したとしても、物件に住んでくれる人がいなければ、ローンの返済が出来なくなり、不動産経営はうまくいかなくなります。物件を購入した時点で、その投資は失敗ということにならないように、賃貸需要があるかどうかを調べるのは非常に重要になってきます。

まず一番に調べることは、物件の最寄り駅の乗降者数です。駅名でインターネット検索するとすぐに出てきます。私は、乗降者数が1万人以上いたら、物件を誰かしら借りてくれると思っています。もしあまりにも少ない場合は少し考えたほうがよさそうです。

また年々乗降者数が減少しているときも、注意が必要です。そして、市や区の人口推移も調べておくといいでしょう。

このリサーチの際に私が参考しているのが、「見える！　賃貸経営」というHOMESのサイトです。

ここのサイトでは、買いたい物件の周りの賃貸をどれくらい検索されているか、どんな間取りを多く検索されているかなど、物件を買うときに参考になる情報がたくさん載っています。ここのサイトを確認しておくといいでしょう。

また、HOMESやSUUMOなどで、近隣の似た物件がいくらの家賃で出ているかを調べておく必要があります。

物件情報が空室ばかりだった場合、満室想定利回りが物件情報に載っています。しかし、その満室想定の家賃が実際の家賃より高く設定されていることがあります。

●HOMES「見える!　賃貸経営」　http://toushi.homes.co.jp/owner/

たとえば本当は6万円の家賃相場なのに、1部屋あたり7・5万円で計算されていることがあります。そうすると空室が6部屋の場合、差額1・5万円×6部屋で、1か月に9万円もの差が出てきます。

ですから家賃設定をそのまま信用するのではなく、自分で物件のそばの不動産業者さん何件かに聞いて調査することが大切です。

これらの事前調査は、すべて家にいながらしてできることです。何項目にも分かれていますが、私自身は1時間程度でパパっと計算したり、インターネットで調べてしまいます。

これらを早く行うには慣れが一番です。数をこなすことで、調べて計算し判断するまでの効率がアップします。

現地調査　４つのチェックポイント

物件を調べたり計算を行ったりした結果、「投資に見合う！」と判断したら、実際に物件を見に行きます。

物件情報だけを見ても、なにがなんだかわからないことが多いですが、実際見に行って、どんな建物が建っているのか確認することで、だんだん見る目が養われてきます。

最初は、たくさん物件を見て勉強することも大切なので、少し遠くても物件を見に行くようにしましょう。

物件を見るときには、大きく分けて４つのチェック項目があります。

ポイント①アクセス

交通の便がいいかどうかを自分で確認します。

車の場合はそのまま物件まで行ってしまってもいいのですが、駅から歩ける距離なら歩くことをオススメします。

どれくらい駅から離れているか？　高低差があって歩くのは大変ではないか？　近所にスーパーやコンビニがあることもチェックポイントです。徒歩、自転車、車のどの交通手段なら日常で使えそうか確認します。そしてもし自転車なら、駅まで行ける距離の場合は物件の敷地内に自転車置き場があるかチェックします。

エリアが郊外や地方であれば、車社会となり駅は関係なくなりますので、この場合は、駐車場があるかチェックします。

もし車を置けない敷地の場合は、近隣を歩いて月額駐車場を借りられる場所があるか調べます。車社会の地域の場合は、家の近くに大きなショッピングモール、コンビニ、スーパーがあるか確認します。

また、吉野家などのチェーン店がたくさんある大通りが近くにあるかを確認してください。大手チェーンは必ず近隣の需要を調べてから出店するものです。大手の飲食店やショップがあれば、それだけ人が集まる見込みのある地域という目安になります。

ポイント②外観・外回り

そして、そのあとに建物を確認します。

外観を見て明らかに問題がある、大きな亀裂がある、などの場合は不動産業者さんに聞いてみます。新しい物件ではそうそうないのですが、古い物件では時々問題があります。

また、外回りのチェックでは建物の入り口部分の印象やポストの状態、駐車場・駐輪場の状態を確認します。ここで管理状態が良いことにこしたことはありませんが、安く売られている物件は、オーナーが放置して何も手をいれていないことが多いです。

築古物件によくありがちなのは、敷地内に放置自転車がたくさんある、雑草だらけ、なかには古いテレビなど壊れた電化製品が捨てられていることもあります。

こういった物の処理にもコストがかかりますので、「管理が悪いから買わない」のではなく、「キレイにするためには、どれくらいの時間とコストがかかるのだろうか」という視点でチェックするのがいいと思います。

ポイント③室内

空室がある場合は空室の中を見ます。

外回りと同様に古い物件は室内もボロボロ・・・といったことも珍しくありません。すぐに入居ができるような原状回復工事がされていたらラッキーで、ひどい場合はカビだらけ、ゴミだらけ。もっとひどければ床が腐っていたり壁が朽ちていたり、廃屋のような状態の部屋もあるくらいです。初心者の場合、高利回り物件を見に行くと衝撃を受けるケースが多いです。

その時に、自分が住みたいか住みたくないかで判断してしまうのでなく、「どこを直せば住みたくなるのか」という視点がとても大切です。

そして空室のリフォームに大体いくらくらいかかるかを考えます。ある程度、リフォームをこなせば、概算でも計算ができるようになりますが、はじめての場合はリフォーム業者さんに見積もりをとって工事費用を出してもらう必要があります。

ポイント④近隣のヒアリング

帰りに最寄りの駅や、買いたい物件から近い不動産の管理会社さんに行ってください。そして、買いたい物件の詳細を直接言わなくても、「こんな物件を買いたいのですが、賃貸需要はありますか?」と聞いてみます。

「大丈夫です！　ぜひ管理会社にしてください」と言ってくれれば、基本的に安心ですが、もし「空室が埋まるかわかりません」などと言われたら買うのはやめたほうがいい場合もあります。

こうして物件調査が終わったら、買うのか買わないのかを決めます。もし家族に相談してから決める場合は、「明日、ご連絡します」断りを入れておくと良いでしょう。

調査の結果、買いたくないと思ったのなら、その理由を不動産業者さんへお話します。理由をしっかり伝えることで、次の物件を紹介してくれやすくなります。

買うという判断であれば、「買付証明書」という書類を提出します。これは「私がこの物件を○○円で購入します」という意思表示をするための書類で、法的な拘束力はないとされていますが、買付証明をどんどん出して、後から「やっぱりやめます」ということを繰り返すと、不動産業者さんから信用を失います。この買付証明を売主さんが見てOKを出せば、売買契約に進むことになります。

また、このときに現金で買うか、融資を組んで買うかもお話しします。賃貸不動産を扱う不動産業者さんは、融資に詳しい場合が多いので、親身に相談に乗ってくれます。

これが大事！　事業計画を立てる

細かい計算の仕方を何ページも書かせていただいたのですが、さらに物件購入した後の細かいお金の流れや、やることを事業計画書にまとめます。

事業計画といっても堅い資料を作らないといけないわけではありません。エクセルなどで作成する方もいますが、私は紙に手書きしています。事業計画に必要な要素は次の2点です。

①お金の流れ
②経営戦略

これをやっておくと、金融機関に融資をお願いするときに提出できますし、買った後に安心して賃貸経営ができるようになります。

①お金の流れ

まず書くことは、物件購入金額と初期費用（不動産業者さんに支払う金額・火災保険・リフォーム代・取得税）など。

このなかで初期費用はご自身の貯金から出すことになる場合が多いと思います。頭金を入れる場合は、頭金の金額も書いておきます。そうすることで、物件を購入するにあたって、必要な現金がいくらかわかります。そのあとに、物件購入後のお金の流れを書きます。

ローンを○○銀行で組んだ場合、毎月の返済金額がいくらかということを書きます。ここで、返済比率が50％になるようにしましょう。満室想定金額だけでなく空室が少しあるケースの場合も書いておきます。そうすると、1年後・2年後にいくらの手残りがあるかがわかります。

自分の中で決めた年数でいいので、5年後や15年後、新築の場合は30年後などに売却を想定します。

たとえば15年後に売却する場合、15年後のローンの残高を書きます。そして、今の物件の15年後の売却金額を想定します。景気も変わっていると思うので、おおよそでいいので金額を調べます。今の物件の15年後の物件をいくつかインターネットで探し、大体の金額を出します。

そのときに収益物件としての売値のチェックや、築年数が古すぎる場合は更地の土地の値段を見ます。この際に、予想売却金額よりローン残高のほうが大幅に下回るようにします。そうすることで、売却時にローン残高のほうが高くて売れないということにはなりません。

よくあるお話に、住宅ローンを組んで毎月の返済がきついので家を売りたいとなるのですが、売却価格よりローン残高のほうが高くて売れないということがあります。そうならないように、資金繰りを書き出してみましょう。ワードやエクセルでもいいです。

その際に、先述した「夢のらしんばん」で計算したものを参考にするといいです。この辺の計算をきちんとしておくことで、返済できずに破産なんてことにはならず、安心して物件を購入することができます。

②経営戦略

続いて経営戦略を立てます。難しく感じますが、簡単にいえば「満室経営するために何をするのか」という計画表です。物件に空室がある場合や、今は空室がなくても先々に空室が出たときのために、満室経営をどうやってするのかを具体的に計画します。

空室がある場合は、まずリフォーム代をおおよそ決めます。私の場合は、リフォーム代は想定家賃の最大2年分を目安にしています。内装を見て、キレイな状態でしたら、クリーニングのみで大丈夫なこともあります。

また、賃貸物件に発生する可能性のある懸念事項についても考えておきます。○年後には大規模修繕で外壁の塗装が必要、住宅設備が古く取り換えが必要ということであれば、その予算も立てておきます。

私のケースでいえば、ご高齢の単身者がお住まいになっているので、緊急時に押すと、救急車が呼べる機械を置いてもらうようにする予定です。

こうして、様々な事態を予測して、どのようにするのか、どれくらい予算を使うのかをあらかじめ計画しておくことで、円滑な経営ができます。

逆にこういったことを一切していない場合では、「急に水漏れが起こった」という事態となり、ふいの出費で資金繰りが厳しくなることもあります。

私の所有物件のような小規模なアパートや戸建てでは、そこまで経営を圧迫するような出費はあまり考えられませんが、大規模なRCマンションの場合には、建物の維持管理コストも修繕費も高額なため、よりしっかり計画する必要があります。

20代がお金を借りるための「融資攻略5か条」

若くして不動産投資をはじめる人、正社員でない人にとって、融資は最大の難関といっても過言ではありません。私自身、職歴はある程度長いのですが、年齢も若く高属性でもありませんでした。

しかも、1棟目を買ったときはまだ学生で「こんな私でも借りられるのかな？」と心配でした。実際、様々な金融機関にお断りされて、へこんだこともありました。しかし、なんとか借りることができました。このとき私は22歳でした。

金融機関にアタックした感想をいえば、もちろん、簡単に貸してくれることはありませんでしたが、まったく手も足も出ない・・・なんてことはなかったです。そもそも金融機関はお金を貯めておく場所ではなく、逆にお金を借りる場所なのです。

主に借りているのは企業やお店などです。「高学歴で、高収入、同じ会社で働いて10年が経ち、貯金もたくさんあり、持ち家に住んでいる・・・という人でなければダメ！」ということだったら、お金を貸す商売として成り立ちませんよね。そんな人は、限られてしまいます。

「持ち家に住んでいるけれど、貯金はありません」「貯金はあるけれど、仕事は派遣です」そんな人でも借りている人はいます。また、その人その人の仕事や貯蓄額、年齢、住んでいる地域などの背景によって、貸してくれる金融機関が変わってきます。

探し方は次項で詳しく解説しますが、自ら足を運んでリサーチしたり、相談に行って融資してくれそうな金融機関を見つけましょう！

参考までに私が利用している金融機関をご紹介します。

・日本政策金融公庫

政府系の金融機関です。ここの銀行は起業するときや、女性・高齢の方に融資をしてくれることがあります。また、リフォーム代などでもお金を貸してくれることがあります。金利は2％ほどですが、融資期間が10～20年と短めなので、毎月の返済額が高めになってしまいます。

・三井トラスト・ローン＆ファイナンス

築年数が経っている物件でも、担保になる物件を提供することができれば、融資をしてくれるノンバンクです。あまり年収などは関係ありません。非正規社員や主婦など属性が低いけれど、マイホームがある方など、ほかの金融機関が使いにくい方にとっての救世主です。1棟目を現金で購入して、それを担保に入れれば金利3・9％で最大30年融資してくれます。

1棟目の融資を受ける前に、メガ大家さんの紹介で、いくつかの金融機関へ相談に行ったのですが、「2棟目だったらいいですよ」と相手にされず断られました。

断られたのは、りそな銀行、みずほ銀行、城南信金、さわやか信金など、他にも相談に行きましたが覚えていません。平日を使って回りましたがダメでした。結果的には、紹介された公庫がよかったのです。

公庫では支店や担当によるところがあり、私の場合も最近電話で、「絶対に築20年以下でなければダメです」と言われました。公庫は住んでいる場所の支店に行くのが本来のルールですが、実は紹介を受けさえすれば、どこの支店でも行けるようです。

そのため、できれば公庫は不動産投資に強い業者さんか、すでに借りた実績のある投資家の紹介が良いと思います。

融資審査が通れば、金銭消費貸借契約（金融機関との契約）を行い、決済をしていよいよ物件が自分のものになります。

はじめての融資は誰しも緊張するものです。借りたいと思っていても、いざ借りるとなると「こんな大金借りてしまっていいのだろうか」と怖いような気持ちにもなります。

私も最初の1棟目は、返済が月15～16万円でしたから、「万が一のときも自分の給料で返せる！」というのが安心材料でした。

実際のところ、1棟目を買ったら順調に利益を生んでくれました。1棟目を買ってからすごく自信がついて、それ以降は借金がむしろ「嬉しい！」という感覚です。借金をすることは、むしろ私にお金を与えてくれるものととらえました。

事項からは融資についての攻略術を紹介していきます。

融資攻略術①
自分に合った金融機関を探すこと

物件を買うときは数億円の現金を持っている人ではない限り、基本的に金融機関でお金を借りて物件を購入します。そのときに、「どこの金融機関がいいのか」「どこの金融機関なら融資してくれるのか」ということは、最初はわからないと思います。

人によっては年収・貯金額・資産背景などが違いますし、また、その金融機関によっても評価の仕方、融資姿勢が変わります。

私は自分の足で銀行にアポイントをとり、何か所か行ってみましたが、ベストは、先述した通り不動産業者さんがお付き合いしている金融機関や、知り合いの投資家の方の紹介です。また、自営業の方や、公務員、サラリーマンの方でも使える金融機関が変わってきます。

そして、去年は「ここの銀行が融資してくれた」という話をよく聞いたけれど、翌年になると全く聞かないなどもあります。このように金融機関の融資姿勢もすぐに変わりますから、その都度最新の情報を得ることが大切です。

その場合、書籍ですと情報が1年前、2年前となり、あきらかにすでに使えない情報が掲載されていることがあります。書籍を参考にする場合でも、必ず最新情報を確かめてくださいね。

融資攻略術②
必要あれば自ら金融機関を開拓

これは金融機関の紹介を受けられる方、紹介を受けた金融機関から融資が受けられる方には必要がありません。

私の場合は、はじめた当初が学生だったこと、それから法人名義での購入を目指していたこともあり、最初から使える金融機関はほとんどなく、自分で開拓するしかありませんでした。

まずインターネットで自宅の最寄り駅にある銀行や、近所にある銀行を調べて、すべてあたりました。また、もともと積み立てをしていた信金にも相談に行きました。

面談のときに、家族構成や両親の収入のことまでも聞かれることがありました。本人の個人の属性を一番見られますが、家族みんなで見てくれることもあるようです。

最初に自分の所有物件や資料を持って相談に行ったときは、「検討中の物件がないとわからない」といわれてしまいました。

その直後に買いたい物件が出て、「急いで融資を通さないといけない」となったときは、何度も銀行の担当者から連絡をいただき、早急に対応してもらえましたが、そこの銀行は融資の審査に1か月ほどかかるといわれてしまい、結局違うところで事前審査を行いました。その物件は事前審査を通さないと、売買契約をしないという条件だったのです。

結局のところ、紹介なしの金融機関では借りることはできませんでしたが、様々な金融機関の担当者と面談をして、金融機関によって融資姿勢が違う・・・ということを学びました。また、その人によって、その地域によって、信用金庫など地元密着の金融機関から融資を借りることができたケースも聞きますので、なかなか紹介のチャンスがない人であれば、金融機関の開拓をしてみるのもよいと思います。

融資攻略術③
担当者に好印象をもってもらう

銀行の担当者や、決定権を持っている方に好印象を持ってもらい、融資してもらえるようにしましょう。

私は21歳のときから不動産投資を始めようと思ったので、銀行の担当者の方から、「こんな若い子に融資するのは不安だ」と思われることを想定して、好印象を持ってもらうにはどうすればいいかを試行錯誤していました。

基本的に母と一緒に銀行に行っていました。そして、ミニスカートやデニムなどカジュアルな服は絶対に着ないで、きちんとした人に見える服装・メイク・髪型でいくようにしていました。

物件情報を持っていくのと一緒に、自身で作成した事業計画書を持参します。

また、そのときにその銀行が30年融資の場合は、30年後まで売却しない予定の事業計画書を持っていくようにしましょう。

というのも、銀行は金利で利益を出すので、「5年で売却」といった計画書では貸してくれなくなるかもしれません。たとえ長期保有するつもりがなくても、そのことは言わないでおきます。

あと、意外と忘れがちなことですが、金融機関では「不動産投資」と言ってはいけません。なぜかといいますと、金融機関にとって「投資」という言葉がNGなのです。投資は利益を出す場合もあるけれど、赤字も出す場合もあるというギャンブルに聞こえてしまいます。それなので、「賃貸経営」「不動産事業」と言うようにしましょう。

融資攻略術④
提出書類の事前準備

銀行にはさまざまな書類を提出しないといけません。買いたい物件が出た後に、急いで書類集めをすると、銀行に行ったり、役所に行ったり、結構忙しくなります。あらかじめ揃えられる書類は揃えておいたほうがいいでしょう。

なお、物件情報は不動産業者の方が資料をそろえてくれることが多いので、そこまで気にしなくても大丈夫です。自分でそろえる資料は以下のものになります。

【銀行に持参する資料】
・住民票
・印鑑証明書
・所得証明書
・納税証明書
・源泉徴収票の写し（過去3年分）
・確定申告の写し（過去3年分）
・自己資金を確認できる通帳
・経歴書
・すでに所有物件がある方は物件概要とレントロール

融資攻略術⑤
20代でお金を借りるコツは・・・

最後に20代で金融機関から融資してもらうコツです。

20代だと年収も低くなりますし、勤続年数も減りますし、貯金額も少ないことが多いです。そのため、30代40代で融資してもらうよりも、難しいのではないかと感じています。

私も一度融資をお願いしたところ、銀行で年齢の部分だけで「融資はできません」と断られたことがあります。

それでも早くから投資をするのと5年後に始めるのとでは、結果が変わってきます。たとえ小さな物件でも5年前に初めておくと、大家としての実績が金融機関から評価されて、5年後にはさらに大きな物件や高額な融資をしてもらえる可能性があります。

そう考えると、年齢を理由に躊躇（ちゅうちょ）するのは、大きな機会損失だと思うのです。若い人こそ、1年でも早く不動産投資を始めた方がよいのではないでしょうか。

では、20代でも融資をしてもらうにはどうすればいいのか。その答えは「金融機関と信頼関係をつくること」です。これは業者さんとのお付き合いと同じです。

紹介された金融機関の方がスムーズに進むことが多いですが、自分で開拓した金融機関であっても、基本的には同じです。
担当者には熱意を持って「不動産賃貸事業へ真剣に取り組んでいること」をお話しします。また書類をしっかりそろえることも大事ですが、融資をしてほしい金融機関に、定期積立をして信頼してもらえるようにしています。

第3章でもお伝えしましたが、預金は金融機関から信頼を得るためにできるもっとも簡単な方法です。そうすることによって、徐々に融資をしてもらいやすくなります。そのほか、定収入がなくて融資が難しいケースでは、まずは少額物件を現金で購入して担保なしの物件をつくって、2棟目3棟目で1棟目を共担に入れて借りるという方法もあります。

金融機関から「ぜひ借りて欲しい」と思ってもらえるような、いわゆる高属性のサラリーマンであれば、そのような努力をすることなく、簡単に借りられる時代ですが、ハンデのある20代は遠回りをしなくてはいけないこともあることを知ってください。
不動産投資は20年30年スパンでやっていく事業ですから、今すぐにその銀行から融資してもらえなくても、必ず可能性はあります。決して焦らず諦めず、長い目で見ることが大切なのです。

第5章

なこ流物件運営術
［賃貸経営］

第5章は物件を購入してからどうするのか。不動産投資は購入することに重点をおきがちですが、購入と同じくらい買ってからの管理運営も大切です。

建物をきちんとメンテナンスして、入居者に住んでもらう。これは賃貸経営の基本となります。

この部分をおろそかにしていると物件はボロボロで空室が続いて大赤字・・・なんてこともあります。

ここでは、賃貸経営を円滑に行うために知っておきたいこと。また、そのコツをお伝えしたいと思います。

満室経営の決め手は管理会社

物件を購入すると、とても達成感がありますが、不動産投資は買って終わりではありません。

株やFXは買った後は、何もしなくてもいいのですが、不動産投資は買ってからが始まりになります。

ここからどう運営していくかで、今後の収益が大きく変わっていきます。まず購入するときに、考えなければいけないのは、管理会社さんを探すことです。

管理会社さんがやってくれることは以下のことです。

・清掃
・入居者の募集
・滞納者の対応
・退去の立ち合い

・退去後のクリーニング
・突然の物件の水漏れなどのトラブルの対応

きちんとやってくれない管理会社さんだと、一度も物件を見に行ってくれなかったり、空室をそのまま放置したりします。

さらに悪徳業者になると、壊れていないのに給湯器の故障や「退去時のリフォーム代が高額でした」と嘘をついて水増し請求してくる会社もあります。

遠い物件だと大家さんがすぐに見に行けないのをいいことに、いい加減なことばかりする会社もあるのです。

そういうときは、写真をきちっと撮っておいてもらうことや、急に物件を見に行くことで、水増しされずに済みます。


管理会社でなにより大切なのは客付力です。

いくら利回りが高い物件であっても空室であれば意味がありません。

現在、横浜エリアで入居付に苦戦されている大家さんの話をよく耳にします。なかには「新築なのに半年経っても満室にならない・・・」そんな話も聞きます。

私自身のケースで説明しますと、私は11部屋、姉が8部屋で、全て横浜ですが全室埋まっています。物件の力というのも大事ですが、やはり管理会社の力も重要で、空室を埋めるためにどのような努力をしてくれるのか、というのは会社によって変わってきます。

私は一切自分で客付け営業をしていません。ひとえに管理会社さんが優秀だからです。「具体的にどのように満室にしていくのか。このやり方で埋まらなかったら、次はあの方法で。それでもダメならこうしよう」と一緒に考えてくれます。

このように今は順調に経営できていますが、以前、他の管理会社に任せていたときは大変でした。私は一度、物件を購入した会社に、管理部門があるということでお願いしたのですが、管理料はとるものの、放置されていたことがありました。

私が物件をふらっと夜に見に行ったところ、アパートの外の電球が全て切れていたことが発覚しました。本当に真っ暗闇で階段の上り下りもできないくらいです。

おそらく、その管理会社は一度も現地を見に行っておらず、何もしていない状態だったのです。次に昼にいったところ、今度は外の通路の壁に穴が空いているのを見つけました。結局、毎月家賃の何%かをその管理会社に渡していただけ・・・ということになりました。

さすがにその会社にお願いし続けることはできません。新しい管理会社を探しました。

今お世話になっている管理会社との出会いは、私が物件を買った仲介業者の紹介です。「優秀な人が管理会社をやっているから、そこで管理を任せたらどうですか?」と言われたのです。

それで、とりあえず1戸、物件を頼んだところ結果がよかったので、全て物件をそちらの管理会社に移動させました。

このように同じ金額を支払っている業者であっても、その質は全く違うものなのです。

信頼できる管理会社さんの選び方・探し方

では、管理会社はどのように選んだら良いでしょうか。

本来であれば、物件を売る会社・・・売買仲介業者、物件を貸す会社・・・賃貸仲介業者、物件を管理する会社・・・管理会社といったように、同じ不動産会社でも得意分野がわかれているケースが多いのですが、今は売買仲介をする会社でも管理をしていることもあります。

物件を紹介してくれた不動産業者さんに、「管理会社も弊社でやっているので、そこで管理しますか?」と言われると、「売ってくれた会社だから、悪いようにはしないだろう」と考えて、ついまかせてしまうことも多いと思います。

もちろん中には、管理も真剣にやっている会社もありますが、そうではない会社もあります。というのも、売買をメインにやっている不動産会社は、管理が本業ではないからです。

しっかりとした管理部門があればいいですが、担当者1人きりで片手間でやっているようであれば、頼まない方が無難だと感じました。

なかには売れない営業マンが管理部門に回されるケースもあるようです。

私のケースがそうでしたし、他にもいくつか同様のケースを聞いたことがあります。売買仲介で良い担当者がついて「この会社にまかせたい!」と思っても、管理部門はヤル気のない人が担当でがっかりしたという話もあります。

では、どんな管理会社に依頼するのが良いのでしょうか。

管理会社は大きく分けてアパマンやミニミニといったチェーン系と、地場系に2分されます。そのほか、東京にある会社でも、全国の物件に対応するなどかなりの広範囲を管理する会社もあります。

これぱかりは「これが正解」というものがないように感じます。チェーン系だろうが、地元系だろうが担当者さん者次第で関係ないという結論もあります。

事実、私の物件の管理会社は大手のチェーン店ではありません。

地方によくあるケースでいうと、地主さんの物件を中心に取り扱っている管理会社へ投資家が行くと、全く感覚が合わない場合があります。

地主さんの場合だと、お金に無頓着ですべてを管理会社にまかせてコスト意識を持たない人もいれば、逆にまったくお金をかけずにボロボロのまま放置している地主さんもいるようです。

どちらにしても浪費か放置かのいずれかで、管理会社へ意見を言ったり提案を受けたりという習慣がありません。

投資家からすると「レスポンスが遅い！」「値段が高い！」など不満が出たり、そもそもメール連絡すらできず、話をしても全くかみ合わないこともあります。

逆に地方の管理会社と投資家がうまくマッチングすれば、「投資家さんは決断が早い」「コスト意識は高いが必要な修繕はしっかりやる」など、強力な信頼関係をつくることができます。

これは、地方が悪い、大手が悪いということではなく、その投資家と管理会社の相性もあれば、物件と管理会社の相性もあるのだと思います。

相性というのは、たとえば「物件に空室が多ければ入居付に強い管理会社を選ぶ」、もしくは「満室だけど古い物件でちょっとした修繕がよくある」ということであれば、管理体制がしっかりした管理会社を選ぶということです。

ですから、自分にはどのような管理会社が合うのか、しっかり管理会社にヒアリングして選ぶのがいいと思います。


自分で管理会社を探す際は、まず自分の購入した物件の近くに物件を持っていて、満室経営をしている知り合いの大家さんに管理会社を教えてもらうのが一つの手です。同じ都道府県内でしたら、大体管理してくれます。

紹介が受けられない場合は購入した物件に入居するであろう人が行きそうな業者さんにお願いする方法があります。

具体的にいえば、物件近くのターミナル駅などの、駅前にある不動産屋さんです。

何件かあるので、全ての不動産屋さんにきちんとお話を聞いて、一番誠実そうなところにお願いしましょう。

また、同じエリア内で物件を買い進めると、その時は同じ管理会社さんに頼めるので、管理はどんどんラクになっていきます。

これが全く別のエリアで買う場合は、その都度新しい管理会社を開拓しなくてはいけません。それも大変なので、私はドミナント戦略をとっています。

自主管理という手もある

また物件管理はプロである管理会社に頼むほか、自分で行うこともできます。これを自主管理といいます。

「なこさんはやる気があるのに、自分で自主管理はしないんですか?」と聞かれることもありますが、私は基本的に自主管理をしません。

これは自主管理が悪いということではなくて、私のように毎日働いているような人間には、自主管理は向かないのでは・・・という話です。

なぜかといいますと、自主管理は家賃滞納時の対処や、急な故障の対応など、急にやらなければいけないことがあります。
入居者さんとコミュニケーションができる大家さん、仕事柄いつでも電話が取りやすいなど時間に融通の利く大家さん、また、主婦の奥さんなど自分の代わりに対応できる人がいるケース、またはサラリーマンリタイヤをして時間のあるケースでは、充分にできることだと思います。

実際のところでいえば、女性だと当たりが柔らかいし、入居者さんだけでなく、不動産業者やリフォーム業者などの関連業者さんと円滑に進めやすい特徴があると思います。

ただ、話しやすい反面、女性だからとなめられたり、図々しかったりという話も聞きます。たとえば、クレーマー気質の入居者など、対応の難しい入居者だった場合は、当事者同士で話すともめるケースもあります。

同じ話でも「○○は、できません！」というよりは、「○○は、できないそうです。申し訳ありません」と伝聞のほうが、柔らかくなりますよね。

私自身、人と接する職業なので、この辺はうまくいくケース、うまくいかないケースのギャップをよく知っています。

上手にコミュニケーションがとれるタイプの方なら、自主管理は入居者とのパイプが太くなっていいかもしれませんが、一旦こじれると関係が悪化して退去されてしまうリスクもあります。

その点を考慮すると管理会社というクッションを置くことは、それもまたリスクヘッジであると考えます。

管理会社を変えるときの注意

基本的には管理会社は気軽に変えられるものではありません。

一度頼んでしまうと、管理会社を変えるのはすごくハードルが高いですから、できれば買ったタイミングでしっかりと吟味して管理会社を選ぶのがオススメです。

私自身は物件購入後に管理会社を変更した経験がありますが、入居者さんの家賃の振込口座が変わります。そういった点からいっても、何度も管理会社を変えるのは入居者さんの手間になってしまいます。

また、管理委託の契約書を見ると、「〇か月前までに解約を伝えなくてはならない」

と書かれていることがあります。

そのため、管理会社を変えたいと思ったら、新しい管理会社探しはもちろんのこと、現在の管理会社との契約を確認することも大切です。

また、管理会社を変えるタイミングでいえば、やはり物件購入直後が一番やりやすいです。

ただし、物件を購入した時に満室の場合は、満室にするだけの力があるということですから、その他に問題がなければ管理会社を変更する必要はありません。


その他の注意点でいえば、管理会社の方と仲良くなっておくことが大事だと思います。オーナーとして管理会社さんと仲良くできれば、物件も大切にしてくれます。

著名大家さんのやり方を見ると、管理会社さんへ接待をしたり、プレゼントを差し上げたりと上手にお付き合いされています。

一度、子育てママ大家の五十嵐美帆さん（新章で紹介）のコラムを読んで、ワインを渡そうと思い、管理会社さんに電話で「お酒飲みますか」と聞いたところ、「飲みますよ、何でですか」と聞かれて、なんとなくとまどって「いや、なんとなく・・・」とイケてない返事をしてしまいました。

なかなかスマートにプレゼントするのも難しいものだと思いました。この辺のやり方はまだまだ研究中です。

また、管理会社さんと、長くお付き合いしていくと、それほど連絡を取らなくても安心して任せられるようになってきます。

自分はすごくラクになるのですが、だからといって丸投げするようではいけません。

物件がいくら遠くてもたまには見に行くようにしてください。

キレイに清掃されているか？

ゴミが散らばっていないか？

快適に住める環境になっているか確認するようにしましょう。

私は壁の穴のトラブルがあって以来、半年に1回は抜き打ちチェックで見に行っています。その結果、幸いにも今のところは何もトラブルはありません。

物件に空室があるときの管理会社との付き合い方

物件に空室があるときは、こまめに連絡をしたり、直接出向いて相談したりします。

このときはなるべく丁寧にお話することを心がけましょう。

人によっては上から目線だったり、あとは空室対策のマニュアルを鵜呑みにしすぎる人はよくないと思います。

また、「こまめに連絡を入れた方がいいから」と、毎日のように電話をするのも、それでやる気が出る業者さんもいれば、電話に追われてやる気をなくす業者さんもいるのではないでしょうか。

その管理会社さんに合ったスタイルで、その人なりのやり方でお付き合いすることが大切です。先輩大家さんの宇都木健さんは、満室を記念して祝勝会を開くといいます。

また、いっしょに飲みに行くのは男性大家さんならではというイメージですが、先輩大家さんのなかには、女性の大家さんが管理会社の男性陣を接待した・・・というような話も聞きました。

お酒を飲むとみんなリラックスします。

そこでは「どんな部屋がお客さんに好まれるか」「こんな大家さんはちょっと・・・」といった普段聞けないような本音も聞けるといいます。

私自身はお酒が飲めないのですが、管理会社さんと本音で話せるような信頼関係をつくりあげたいものです。

空室への対策ですが、管理会社に相談に出向いた（もしくは電話で聞いた）際には、1週間でどれくらいのインターネット掲載しているサイトのページに閲覧があったかや、物件の内見の人数を聞いておきましょう。

そうすることで管理会社の方も、早く埋めようと思ってくれます。また、入居がなかなかつかないときの提案をしてくれるようになります。

残念ながら提案をしてくれない管理会社であれば、大家さん自らが空室対策を行うことになります。

私が今まで行った空室対策のなかでよかったことをいくつか紹介します。

1棟目のアパートは、その立地からいってシングルの男性向けが入居ターゲットでした。そこで管理会社の提案で、中古の冷蔵庫・洗濯機・電子レンジの三点セットを入居時に付けることにしました。

家電三点セットの代金は、「満室になったときに家賃から引きます」と言ってくださり、満室になるまで代金を管理会社のほうで建て替えてくれ、とても良心的だなと思いました。

シルバー人材センターの活用

物件の管理では定期清掃も大切です。

これは管理会社からも発注できますが、私は近所のシルバー人材センターから1か月に2回、2時間でお願いしています。

シルバー人材の頼み方は、まずネットで調べます。そして、直接「定期的にアパートの清掃をお願いしたいのですが」と電話します。

依頼の前には必ず面会を行います。目の前で「道具はどうしますか?」「どのような掃除の仕方をしますか?」「何曜日に来られますか?」と相談しながら決めるのです。「ここの雑草抜いてください」「ここはこうやってホウキで掃いてください」とお願いしました。

私のアパートを担当いただいたのは、ご近所に住むおじいちゃんでした。

広いご自宅がご近所にあり、家庭菜園をやっていてお野菜のおすそわけもしてくれます。

一度、抜き打ちチェックをした日にお菓子を持って行ったところ、お礼にキャベツをいただきました。

本来、ゴミ袋などはオーナーが買って「これを使ってください」と渡しますが、この方は、ご自身が塗装業を営んでいることでちょっとした工具や清掃の道具はあるようでした。

「うちが近いから！」ということで、私が経費を払う必要もなく、ゴミも持って帰ってくれるのです。

そのシルバーさんは雑草が生えない薬までまいてくれたり、穴が空いたらガムテープで建物に水が入らないように応急処置をしてくれたりと、いろいろしてくださいます。

ちなみに私からはシルバーさんに頼んだことは次の3つですが、本当に良くしてくださり感謝の気持ちでいっぱいです。

・雑草を抜く
・ホウキで掃く
・ぞうきんで階段の手すりを拭く

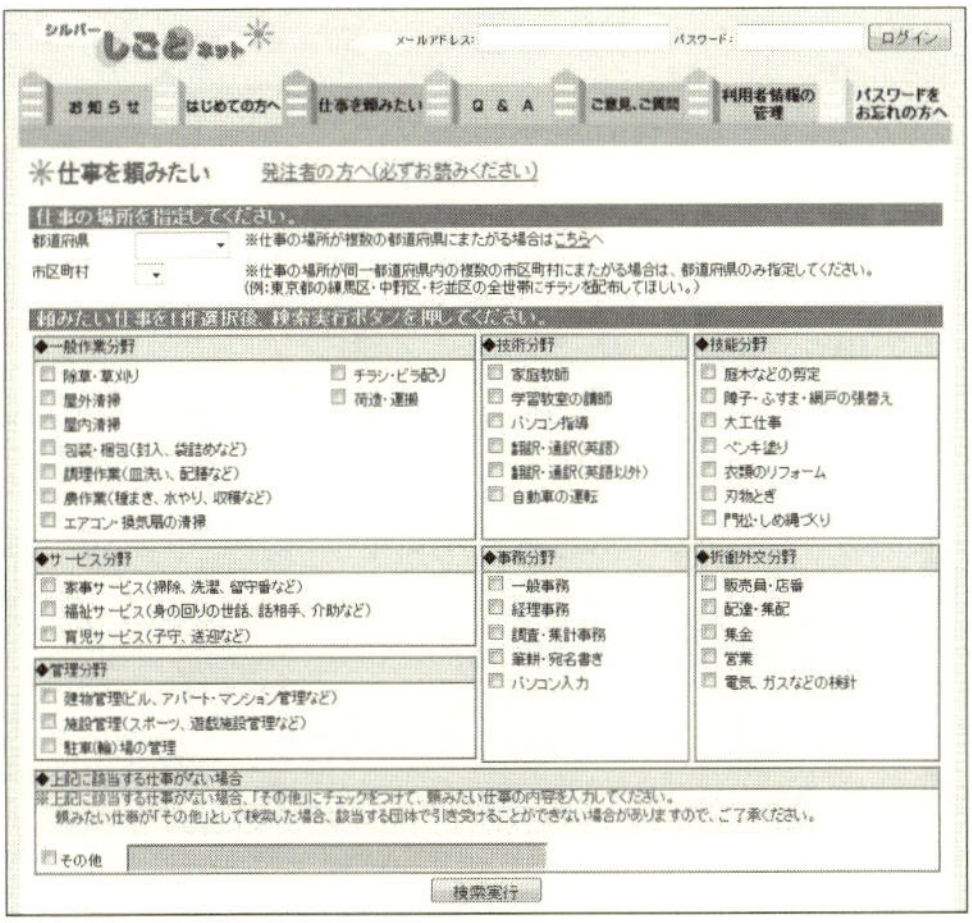

これで1か月に2回きていただいて3000円です。とってもお得だと思います。

なおシルバー人材センターは場所によってルールも異なりますので、詳しくは物件のある地域のシルバーセンターにご確認ください。

シルバー仕事ネットでは、ホームページから全国のシルバー人材センターで対応可能な仕事を検索し、仕事の問い合わせを出すことができます。無料登録して仕事内容とエリアで検索できます。

●全国シルバー人材センター事業協会
http://www.zsjc.or.jp/

●シルバー仕事ネット
https://shigoto.sjc.ne.jp/

覚えておきたい保険の基礎知識

基本的にローンを組んだ場合は、火災保険に加入が必須になります。また現金で買っているときも、保険に入っておきましょう。建物の価値と同じくらいの金額を全焼で保証される金額のものに入ることが大切です。

また最近は、火事よりは台風やゲリラ豪雨、竜巻といった災害も増えています。こういったリスクにも火災保険は有効です。台風で雨どいが壊れた場合なども保険が下りることがあります。

地震については、火災保険とは別に地震保険があります。というのも火災保険では、地震による火災の損害は補償されません。地震による津波も同様です。

そこで居住用建物の地震被害を対象とした地震保険に加入します。

地震保険の仕組みは火災保険とは違い、「地震保険に関する法律」に基づき、政府と損害保険会社が共同で運営する公共性の高い保険です。そのため基本的にはどの保険会社で加入しても内容は同じです。

火災保険とセットで加入するのが一般的ですが、その補償額は火災保険の30％から50％までと決められています。また、罹災した場合には、保険対象である建物や家財の損害の状況に応じて支払われる保険金が決まります。制度上は仕方のないことではありますが、50％上限の補償では「足りない」ということもあります。

その場合は、民間の保険商品を上乗せして１００％のカバーをすることができます。ただし、保険料は割高になるのでご注意ください。

近年、各地で大地震による被害が発生しており、地震に対する備えは必要不可欠です。これも50％にするのか、１００％加入すべきか、それは投資家の判断です。

空室のリフォームは水回りを中心に

購入した時点で、リフォームが必要な物件もあります。

キレイな空室の場合は、クリーニングのみでも大丈夫ですが、外装も内装もボロボロといったこともあります。

空室のリフォームは、「いかに安く仕上げ、入居してもらうか？」というところが非

【水回りの取り換え事例】

●バスルーム

Before

After

●洗面所

Before

After

★オススメの洗面台

・LIXIL洗面化粧台「オフト」
（扉タイプ　間口750mm ／ 600mm）

【間取り変更の事例】

●間取り
変更プラン

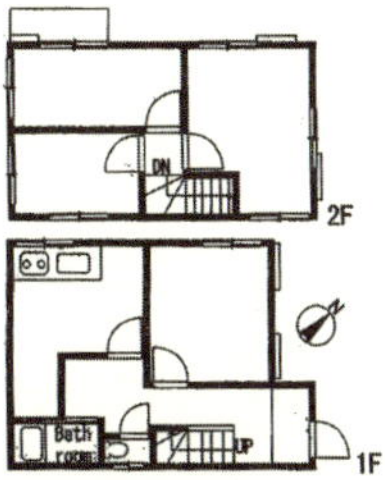

Before

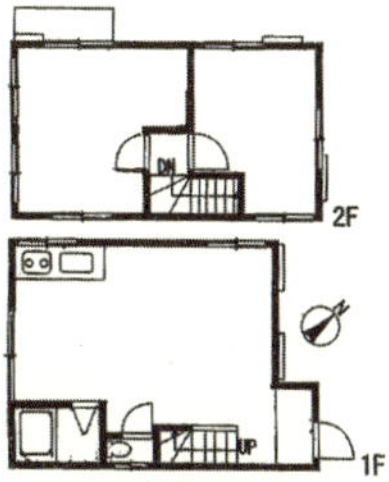

After

●リビング

（廊下）
Before

After

●階段

Before

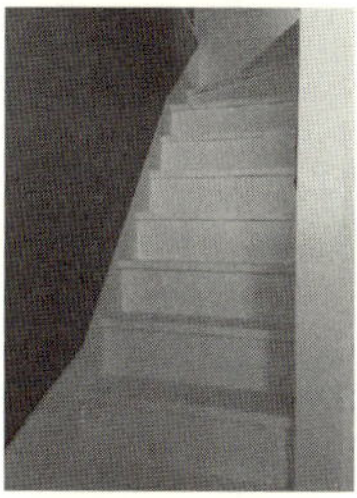
After

●2階

Before

After

常に重要になってきます。

リフォームを完璧にしすぎても、家賃が安かったらそもそも投資として見合いません。リフォーム代も含めて回収できるか考える必要があります。

またオシャレで洗練された雰囲気つくりをいつも考えています。

中古物件でしっかりリフォームをしようと思えば、どこまでもできてしまい、金額もたくさんかかります。

「どこを優先するのか」というのが、悩ましい問題ですが、私はトイレ・キッチン・洗面台・お風呂といった水回りを中心にリフォームしています。

というのも、夫婦やカップルの場合、家事はまだ女性がすることのほうが多いと思います。また家にいる時間は、女性のほうが長いことが多いです。

ですから基本的に女性が賃貸物件の最終決定権を持っている場合が多いです。

女性はキッチンがキレイかどうか、お風呂がキレイかどうかを見ます。他が多少ボロボロでも、水回りをキレイにしておくことが大切です。

私はボロボロ物件を購入することが多いからか、必ずと言っていいほどトイレ・洗面台・ユニットバスを新品に交換しています。

新品に交換すると聞くと高額に感じるかもしれませんが、そんなこともありません。

またユニットバスも最安値のものになりますが、新品であるだけで見違えます。

とくにオススメは洗面台です。洗面台は毎回同じLIXIL洗面化粧台「オフト」に取り替えています。

安いですが、化粧品や歯ブラシを置くスペースがあって使いやすいものです。

間口サイズも種類があり、狭いスペースに置けるのも良いところです。扉のカラーも選べます。写真で紹介しているのは間口750ミリのタイプで、本体価格は5万円程度です。

また古い物件では、畳の部屋だけの家や、小さな部屋だけでリビングがなかったりと使いにくい間取りだったりすることもあります。

その際には思い切って間取り変更をします。コストはかかりますが、ここまで行うことで物件力がかなり上がり、古いボロ家が客付に強い物件に甦ります。

私は3棟目の戸建てで約230万円かけて間取り変更を行いました。

キッチンのある1階が細かく仕切られていたので、壁を抜いて1部屋のLDKにしました。参考までにプランもご紹介します。

DIYでできるところは自分でする

リフォーム代の見積もりをすると、当然ですがリフォーム箇所ひとつずつに費用が掛かってきます。そのためDIYできるところはなるべく自分で行えばコストカットになります。

私がやったDIYはコーキングです。3棟目の戸建ての玄関に飾りなのかガラスブロックが使われていました。そのコーキングがボロボロになっていたので、ホームセンターのインターネット通販でコーキング剤を購入して修繕しました。

そうやって自分でできることは、なるべく自分でやり、少しでもリフォーム代を減らすようにしています。

本を出している方など、ご自身でリフォーム全てを行っている凄腕の大家さんもいます。

【DIYの事例】

●コーキング前

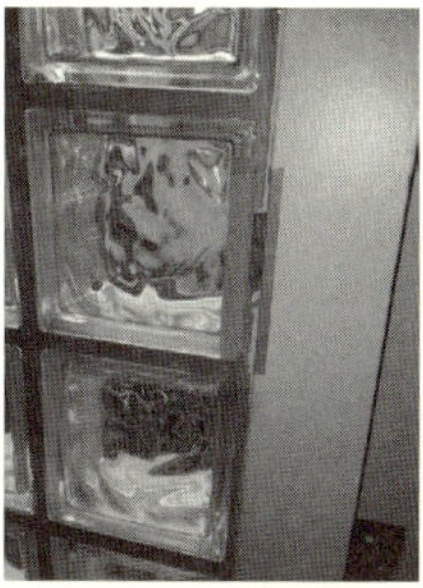

●コーキング作業

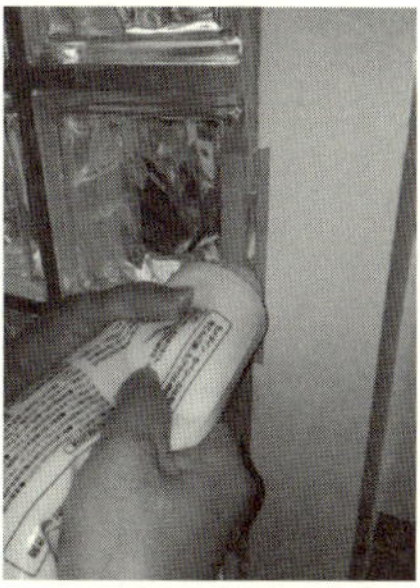

●コーキング後

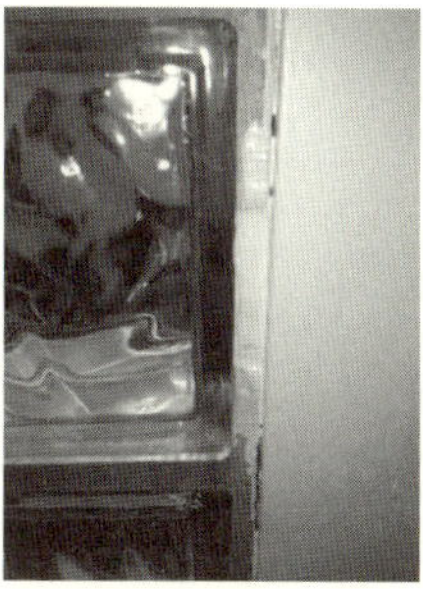

●『元手300万円で資産を永遠に増やし続ける方法』（松田淳著・ぱる出版）

松田さんは元ホームセンターの店員さんで、平成築の物件をDIYで新築のように甦らせるテクニックをお持ちです。決して高年収でないなかで、不動産投資をはじめてリタイヤされています。

●『戸建のDIY再生による不動産投資－家族と一緒に楽しくDIYしながら家賃収入を得る法』（日曜大家著・セルバ出版）

日曜大家さんは現役サラリーマンをしながら、日曜日にDIYする戸建て大家さんです。私と同じエリアを絞るドミナント戦略でたくさんの戸建てを所有されています。

このお二人はＤＩＹの腕もすごいのですが、戸建て投資の著名人でもあります。

私自身も戸建てを購入してリフォームする投資法をしていますが、基本的にはリフォーム業者さんを頼りにしています。

現状では、不器用なのと本業のほうが忙しいのもあり、リフォームにはあまり関わっていませんが、将来的にはＤＩＹしていきたいと思っています。

コスパが良くてオススメ！ おしゃれな「照明」「ポスト」

私はＤＩＹをしてみたいと思っているのですが、時間に余裕がなくてなかなか自分ではできません。そこで施主支給を行っています。

施主支給とは、インターフォンや換気扇など取り付ける設備などを大家さんが購入して、業者に取り付けてもらうことです。

私のお気に入りは、水回りの項目でオススメした「洗面台」とオシャレなポスト。おしゃれな照明もよく付けます。この3つは安くて費用対効果が良いと感じています。

施主支給のやり方としては、業者さんに配送して取付けてもらうか、もしくは、物

【照明・ポストの事例】

●枕木のポスト
購入と設置、表札もつけて4万円程度

●IKEAの照明（型番201.408.20）
販売価格1万1998円（税込）
安売りの時期で5000円ほどです

件へ送ってそのまま付けてもらいます。

業者さんによっては「施主支給はやっていない」と言われますが、まずは聞いてみてください。私は、洗面台に関しては型番を指定して業者に手配してもらい、ポストと照明は自分で購入しています。

IKEAにも可愛い洗面台はあるのですが、メーカー保証や施工保証を考えた場合、国内メーカーの方が良いと思います。

また、業者が手配して取付けた方がサイズミスといったことが起こりません。何かあっても保証が受けられるので安心です。

とくに水回りの緊急事態というのは、何かとお金がかかりますし、入居者さんにも負担をかけるので、あえて施主支給はしていないのです。

逆にポストや照明など壊れにくいもの、もしくは、壊れても再手配がしやすいものは自分で選んで、自分で買うようにしています。

照明は自分でも設置できますが、ポストは地面に埋め込んだりするので業者さんにお願いします。見積書に取り付け施工費を乗せてもらうかたちにして現物で渡しています。

手で持てるものなら直接置きに行きますし、運べないものなら業者に送ります。手配は全て自分でします。

アクセントクロスをつかい倒す

普通の壁紙は白いシンプルな壁紙で量産クロスといわれる安い壁紙です。

しかし、壁紙メーカーのカタログには、カラフルな壁紙や、レンガ風の壁紙、打ちっぱなしのコンクリート風の壁紙などがあります。これらを1000番クロスといいます。

こうしたオシャレな1000番台のクロスを部屋の一面や天井といったポイントに貼ることをアクセントクロスといいます。

ただの白い壁紙では差別化になりませんが、アクセントクロスを使うだけで可愛い部屋にもなればクールな部屋にもなり、部屋の個性を演出できます。

クロスのメーカーで有名なのは、リリカラ・サンゲツ・シンコールで、カタログで選んで内装業者に発注します。

DIYで行う人であれば、インターネット通販で購入することができます。

有名なショップに楽天ショップの『壁紙屋本舗』（http://www.rakuten.ne.jp/gold/kabegamiyahonpo/index.html?scid=af_pc_link_urltxt&sc2id=348893684）があります。

初心者向けキットも売っているので、私も自分でチャレンジするなら、まずはインターネット通販で道具もセットになったものを購入しようと考えています。

注意点は、サンプルをメーカーから送ってもらうことができるのですが、外壁もそうですが、1枚で見るとかなり濃い色に見えるのですが、全部やってみると意外にぼやけるといわれます。

私はかなり様々なタイプを発注しています。

無地のパステル系もあるし、コンクリ打ちっ放しのような柄のクロス、古い床材の柄のようなクロスなど、部屋の雰囲気に合わせたり、自分の好みでいろいろ試しています。

奇抜すぎてはいけないと思いますが、特別なルールはありません。自分の感性です。「これはかわいいメージになるかな？」と思ったクロスが、実際に貼ってみたら意外と落ち着いたトーンで、男性入居者に喜ばれたこともあります。

【アクセントクロスの施工例】

●レトロムードの木材柄

●シンプルな横線柄

●レトロムードの幾何学柄

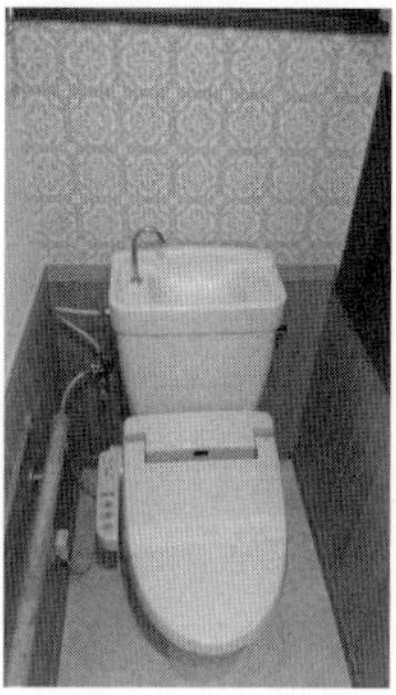

●濃い茶のレンガ柄

第6章

20代で始めた！
成功大家さんたち紹介

第6章は20代で不動産投資をはじめた先輩大家さんへのインタビューです。

それぞれ投資スタイルも違いますが、ご自身のやり方で着実に夢に近づいている方々へ物件を購入するための秘訣や目標、そして、どんなハードルを越えたのかということをお聞きしました。

順調なように見えても、多くの努力が求められるのが不動産投資だと思います。

一歩先、二歩先を進む成功大家さんからのアドバイスは、皆さんの不動産投資へのエールです。私も話をお伺いしていてとっても勇気づけられました。

高卒、工場勤務でコツコツ投資。ボロから新築まで手掛ける注目の若手投資家！

☆ふんどし王子こと、山屋悟さん

プロフィール

1985年富山県生まれ。ブログなどで通称『ふんどし王子』として活躍中の元工場勤務サラリーマン。中学3年生の時、兄に借りた『金持ち父さん・貧乏父さん』を読み、お金持ちになることを決意する。卒業後、地元の大手自動車メーカー系列の企業に就職。昼夜問わずの交代勤務の現場で働きながら1カ月に10万円ずつ貯金する。2009年、24歳の時に100万円を元手に2,500万円の2世帯住宅を新築し、不動産投資を開始。2017年9月現在、不動産資産はアパート4棟（20室）、戸建4棟で、家賃年収は1,750万円となっている（新築稼働含む）。2018年にセミリタイアを達成し、セミナー講師で全国行脚中。

●著書『高卒製造業のワタシが31歳で家賃年収1750万円になった方法!』（ごま書房新社）

●ブログ　https://plaza.rakuten.co.jp/yamaie/

所有物件

2018年6月現在、不動産資産はアパート5棟（30室）、戸建7棟で、家賃年収は2,250万円となっている。

富山県射水市にある8世帯の
新築木造アパート利回り10.2%

2世帯の賃貸併用住宅。
富山県射水市にある利回り7%

富山市21%の中古アパート

滑川市9.8%の
新築長屋式アパート

奈湖（以下、な）どんな投資手法を行っていますか？

ふんどし王子（以下、ふ）中古アパート、築古戸建て、新築アパート、新築戸建、中古区分マンションなど特にこだわりがあるわけではありません。自分のステージに応じて取れる手法を行ってきました。

現在は築古を現金買いと、中古アパートを長期譲渡で売却してキャピタルゲインを得ることにより、新築アパートへシフトしています。

な　最近、どんな物件を購入されていますか。

ふ　去年は1年で3棟アパートを新築したので、様子を見ているところです。新築は初期費用が多く掛かるため、決算書も赤字になったので融資もつかないと思っています。

また、かぼちゃの馬車の事件後、融資が締まったと聞くようになりました。それでも、ポータブルサイトで売地などは見て新築に適するものを探しています。融資がつかない場合は、現金で購入できる戸建てなど再生していこうと考えています。

な　新築メインなのですね！　投資をはじめるまでの経緯を教えてください。

ふ　不動産投資を知ったのは、ロバキヨの『金持ち父さん貧乏父さん』ですが、当時は不動産はハードルが高いと考えていました。

そこで株やFXを行ったのですが、2008年のサブプライムショック（リーマンショック）で惨敗・・・貯金した300万円を溶かしてしまったのです。

な　株・FXの失敗からなぜ不動産投資に？

ふ　惨敗後に加藤ひろゆきさんの『借金ナシではじめるアパート経営』（ぱる出版）を読んで自分にもできるかも！　と思ったのが

キッカケです。

株やFXなど自分でコントロールができないものに投資するのはリスクが高いと思いました。その点、不動産は掃除や、リフォームで価値を上げれることが魅力的だと思いました。

また、地元の富山には吉川英一さんという有名な投資家さんがいらしたので勉強させてもいました。それで2011年11月、24歳のときから不動産投資を開始しました。

な　24歳ではじめるにあたってネックとなったことはありますか？

ふ　自己資金は100万円くらいからスタートしましたが、株やFXで溶かさなければもっと色々できたと思います。

また、親には内緒で行っていたので保証人の壁がありました。欲しいアパートがあったのですが、そこは兄が保証人になってくれました。今でも兄に感謝しています。

な　自己資金はどうやって貯めたのですか？

ふ　実家から職場へ通い、車は無借金の中古車に乗っていました。10万円天引き貯金を行い2～3年で300万円を貯めました。株やFXで溶かしましたが（笑）。

実家暮らしなら毎月10万円程度があれば楽しく過ごすことができました。工場まで車で15分程度と家から近いのもポイントですね。

な　わかります。私も貯金のため一人暮らしから実家に戻りました！　ところで最初に買ったのは賃貸併用住宅だったのですよね。

ふ　はい。住宅ローンを使って賃貸併用住宅を新築しました。ローンは保証人ナシで2500万円通りました。返済は毎月7万円で、1部屋7万円で貸すことができたのでローンの支払いゼロで住むことができました。

結婚して今は妻名義で住宅ローンを組んで別の家に住んでいますから、住んでいた部屋も貸し出すことにより毎月7万円のキャッシュフローを得ることができました。
もちろん金融機関には他人に貸し出す説明をしています。勝手に貸すのはルール違反になることがあるので注意が必要です。
今住んでいる中古住宅の住宅ローンは6・5万円なので、実質タダで家に住んでいる状況は継続しています。賃貸併用住宅は最初の物件だったので利回りは低いですが、住宅ローンという長期間の融資で支払いの負担が少ないのと、時間の経過とともに残債も順調に減っているので良かったです。

な　買ったときに一番苦労したことは？

ふ　やはり借金に対するハードルですね。借金＝悪というイメージがあったので「返せなくなったらどうしよう？」と不安でした。

しかし、世の中の会社員が組む程度の住宅ローン支払いにすることにより、本業を続けていれば返済には困らないだろうと勇気を振り絞りました。あとは「騙されていないだろうか？」など疑いの気持ちと、人と違うことをする勇気がハードルでした。

な　20代の不動産投資のメリット・デメリットを教えてください。

ふ　年齢は早く始めているほど有利に働きます。「確定申告が何期目か、法人を設立して何期目か？」など聞かれるときに長い期間であれば、それだけで信用があります。また不動産投資は時間を味方につける投資です。複利も効いてきますので、若い内から知識を身に着けて行動するのは優位だと思いますね。
デメリットは「若いのに大丈夫？」と言われるくらいです。逆に「若いのに凄いね！」

と言われるくらいで表裏一体です。
ただ、映画俳優とか、ミュージシャンとか「夢」がある人は不動産にうつつを抜かさずに頑張って欲しいですね（笑）
もし、田舎から都会に上京するにしても不動産の知識は役に立つので無駄にはならいと思いますが、不動産投資だけに囚われるのも良くないと思います。あと恋愛するとか、趣味は（絞り込んで）楽しむなどバランス良く、若い時間を楽しんでもらえればと思います。不動産投資にしか情熱を燃やせれないのであれば突き進むのも良いと思いますが。

な　これからはじめる20代へのアドバイスをお願いします

ふ　実家暮らしは資産形成においては最強！（異性の付き合いにはマイナスですが・笑）

という話を横においたときには、親元を離れて一人暮らし（アパート）をしている方は自宅を購入できるかを考えることをオススメします！

当たり前だと思いますが、アパートは出ていくときにこれまで払った家賃は返してもらえません。むしろクリーニング費用や修繕費を要求されます。

しかし、「自分の部屋の大家さん」になり、「自分が部屋の入居者」になったときには、出ていくときには家賃相当額の預金（資産形成）をしている状態になります！

夢のマイホームで大きなローンを組んで買うという話ではありません！　まずは買った値段で売却が可能な家を買い、住みながらバリューアップしましょう。売却時にはローン残高が減って手持ち資金が残るか、賃貸に出しても収益を得られるような物件を買うのがポイントです。

生活基盤を安定させてから夢のマイホーム

でも遅くはないと思います。特に20代の方なら結婚して、子供が生まれてから生活を根ざす地域を選んでもよいと思います。それまでは同じ場所に長期間住み続けるというのではなく、ライフスタイルの変化に応じて住居も変えていく思考が良いと思います。変化の激しい時代だからこそ、フレキシブルに対応できるようにしていきましょう！

そうして、不動産の売買や相場を勉強しつつ、自分の住む部屋を借りたつもりで考え経験を積んで、収益不動産につなげていくのがオススメです。

合理的に考えることができれば大きな失敗はありません（単純な足し算と引き算、自分が住みたいかなど）。コツコツと行っていけば、数十年経つと大きな差になっていますよ！

な　ありがとうございます。若いうちに自分で住む家を買うというのはアイディアですね。とても参考になりました！

あらゆるジャンルの物件を購入して事業経営も行う先輩大家さん

☆北陸大家こと、河上伸之輔さん

プロフィール

1981年生まれ、京都市出身。滋賀大学 教育学部卒業（2003年）。証券会社、M＆Aコンサルティングファームを経て30歳で起業。サラリーマンの頃からコツコツお金を貯めて、26歳でサラリーマン大家デビュー。リーマンショックの際に買い進み、30歳でセミリタイア。コワーキングスペースの運営や、飲食店のフランチャイズ展開、海外出店など精力的に活動。不動産賃貸業でも、アパート、マンションだけでなく、倉庫、工場、太陽光発電、オフィスビル、ソシアルビル、温泉旅館の再生なども手掛ける。家賃収入は年間2億円を超える。

●北陸不動産投資支援会　http://fudousantousi.co.jp/

所有物件

1棟目は金沢市内にファミリータイプの区分マンション、2008年で富山県高岡市で15戸ファミリーマンションを購入。借金総額は約15億円、年間家賃収入は2億円を超える。

ボロボロの廃墟から再生した温泉旅館

リーマンショックの際に購入した一棟マンション

簡易宿泊所運営で利回り30%を超える川沿いの一棟マンション

延床面積2000坪を超える繁華街のソシアルビル

奈湖（以降、な）河上さんはどんな投資手法を行っていますか？

河上（以降、か）自分自身が飽きっぽい性格なので、多種多様な不動産を購入しています。中古の木造パートから、中古の鉄筋コンクリートマンション、新築の木造住宅も3棟建てました。

ボロ戸建てのリフォームもありますし、場所は石川県が中心ですが、金沢市内もあれば、能登地方の田舎の物件もあります。

これまで建坪2000坪を超える繁華街のソシアルビルや、工場、倉庫、太陽光発電、などもあります。4億円近くの改装費がかかった温泉旅館の再生物件もありますよ。

な　**ものすごく多彩なんですね！　旅館は一度寄らせていただいたことがあります。すごく立派な旅館で驚きました。ちなみに今、進めているのはどんな物件でしょうか。**

か　融資が流れて私のもとへにたどり着く物件が増えてきたので、割安そうなものは買っています。メンテナンスされていなくて空室の多い物件にやりがいを感じますね。

な　**いつお話を聞いても、すごくレベルが高いですよね。河上さんの不動産投資をはじめたのは、いつ頃でしょうか。**

か　2006年26歳の時に区分所有マンションを一つ買ったのがはじめです。その後、2008年28歳の時に一棟マンションを購入しています。

な　**そもそも、なぜ不動産投資をはじめようと思ったのでしょうか。**

か　不労所得にはずっと憧れがあり、家賃で暮らしている人を見て憧れを感じていました。

26歳の時に石川県に引っ越してきたのですが、その当時貯めていた500万円ほどでも物件を購入できそうなことがわかり、はじめは自己資金でスタートという経緯があります。

な **その年齢ではじめるにあたって、なにか問題になったことはありませんでしたか？**

か 最初の物件は自己資金を使った現金購入だったので、あまり心配はしませんでしたが、２００８年リーマンショックの最中に８０００万円の借金をして一棟マンションを購入する時は、かなりビビっていました。

な **でも、それが安く購入できるチャンスをつかんだということなんですよね。ところで、スタート時の自己資金はどのように貯めたのでしょうか。**

か 月20万円の初任給の半分を貯めて1年で１００万円、給料も上がってきましたが生活レベルはあまり上げずにいたら、３年間で５００万円を貯めることができました。それで、そのお金をつかって区分マンションの購入をしました。

な **最初に購入した区分マンションはどのようなスペックだったのでしょうか。**

か ２ＬＤＫのちょっと広めの区分所有マンションでした。オーナーチェンジで家賃は8万円。管理費と修繕積立費を引いて5万５０００円ほどが毎月残りました。

な **買ったときに一番苦労したことは？**

か そうですね。その当時は借金をするという発想がなかったので、自己資金の５００万円で買える物件を探すのに苦労しました。やはり低価格の物件はなかなか出ません。

な **その後、かなり規模拡大をされていますが、買い進めに年齢が影響したことはあります**

か？

やはり20代の若者よりは30代で年収も上がった勤続10年のサラリーマンの方が融資は通りやすいだろうとは思います。でも、銀行をたくさん回れば貸してくれるところもあります。だから、そこまでハンデには感じませんでした。

な 若くはじめるメリットはありますか？

か 不動産投資で経済的自由を手に入れることは難しくないと考えています。なるべく早い時期にお金の自由を手に入れて自分の人生を生きる方が絶対幸せです。

僕は、日々幸福を感じて生きています。結婚もしていなくて、住宅ローンもなかったら勝負しやすいですしね。

な 逆にデメリットはありますか？

か そうですね。やはり給料が上がらなかったり、自己資金を貯めるのが大変ということでしょうか。そんな時は副業したり、週末起業をしたりしてお金を貯めるしかないと思います。

な 最後にこれからはじめる20代へのアドバイスをお願いします！

か 準備ができたらやろうと思っていたら、いつまでも動けません。この本を読んでいる人は、すでに勉強している人が多いのではないかと思います。

本を閉じたら、物件情報をネットで調べて、気になる物件に問い合わせてみてください。本気で買おうと思わないと学べることはありません。

首都圏でも利回り12%
公務員をしながら
高利回り新築を実現！

☆脱公務員大家こと、土肥孝行さん

プロフィール

不動産投資家で楽待コラムニスト。1985年生まれ。福井県越前市出身。大学進学時に上京し、その後東京都で地方公務員として社会人生活をスタート。結婚、出産という人生の節目で、家族の将来を真剣に考え始め、不動産投資と出会う。2015年に父親名義で新築不動産投資を始め、その後も家族名義で不動産を買い進める中で、「土地からはじめる新築不動産投資」に行き着く。土地から新築を建てていく中で、首都圏でも利回り10%以上をコンスタントに達成している。今年の3月にセミリタイヤし、現在は土地から新築をはじめたい投資家のサポート等を行う。

●著書『失敗のしようがない「新築」投資の教科書』（ぱる出版）
●URL　https://line.me/R/ti/p/n-npyN1G2m
●Facebook　https://goo.gl/7tmxRN

所有物件

父親名義の名古屋の土地で1棟目をスタート。その後は、都下三県で土地を探し、自ら探してきた建設会社に上物を建てるという手法で規模を拡大している。現在は、簡易宿所取得物件の運営等新たな取り組みにも挑戦中。土地からはじめる新築物件では、間に業者を挟まないことから、今の市場でも首都圏新築で利回り12%を達成。

新しい物件は、普通賃貸の2倍稼ぐ東京23区内簡易宿所

埼玉県にある利回り12%の新築アパート

1棟目に父名義の土地に建設した欧風アパート

な　奈湖（以下、な）脱公務員大家さんはどんな投資手法を行っているのでしょうか？

だ　脱公務員大家（以下、だ）私は土地も建設会社も自ら探してアテンドしていく、「土地からはじめる新築不動産投資法」を行っています。

な　新築だけを買い進めているとお聞きしました。それは築古やボロ物件を買っている私とは正反対の投資ですね。そもそも、不動産投資をはじめたのはなぜですか？

だ　結婚をきっかけに家族の将来について真剣に考えたところ、何か将来に向けて資産運用していかなければと思いいたりました。
自宅の購入を契機に不動産に興味が湧き、そこから勉強をはじめる中でロバート・キヨサキの『金持ち父さん貧乏父さん』に出会い不動産投資のすばらしさを確信しました。
その後、自らが仕事のストレスから体調を崩したことから、「今、自分が働けなくなっても家族を守る資産を真剣に築こう」と決意したのです。

な　それがいくつのときですか？

だ　不動産投資の勉強をはじめたのが2012年当時27歳でした。

な　27歳で不動産投資をはじめるにあたって、ハードルとなったことはなんだったのでしょうか。

だ　やはり年収の低さと自己資金の少なさですね・・・。

な　自己資金はどれくらいではじめられたのでしょうか。

だ　スタート時点では300万円ほど貯金がありました。
もともと無駄遣いするほうではなかったの

で、結婚・自宅購入などで使ってしまいましたがそれくらいは残りました。

な　それはすごいですね！

それで、1棟目の物件を買ったのはいつ頃だったのでしょう。

だ　それがなかなか簡単にはいかず、購入したのは2年後の2014年に最初の一棟を購入しました。当時29歳です。父親名義の土地に新築アパートを建てました。

な　買ったときに一番苦労したことはなんでしたか？

だ　そうですね。両親と妻の説得です。家族の理解と協力を得ることは必須だと思いましたから、何度も説明したり、シミュレーションを見せたり努力をしました。

な　その後に新築物件を順調に買い進められていますが、そこに年齢は影響していますか？

だ　金融機関からは若い方がいいと言われますね。やはり若いほど長期の借入期間も可能となります。

定年までに完済すれば無借金の物件がそのまま年金代わりになるところは、若くしてはじめるにおいて、大きなメリットだと感じています。

そして、利益を再投資することにより複利の恩恵を長く享受できる点、失敗しても挽回する期間がある点も20代の投資家のメリットではないでしょうか。

な　逆に20代の不動産投資のデメリットに感じたことはありますか？

だ　やはり社会的信用が弱いことではないでしょうか。

先ほども述べましたが、年収、自己資金や

少ないことにくわえて、勤続年数が短いこともハンデとなりえます。

な　ちなみに、脱公務員大家さんがいま進めているのはどんな物件でしょうか？

だ　じつは新築ＲＣにチャレンジ中です。

な　それはとっても楽しみですね。最後にこれからはじめる20代へのアドバイスをお願いします！

だ　20代の投資家の皆さんには、不動産投資に早く出会えたことの幸運さを心から味わって、始めるなら一日でも早く真剣に取り組んでいただければと思います。

世界を見渡しても、資産家でもないサラリーマンが多額の融資を利用して、キャッシュフローの出る投資ができる国はまずありません。

生まれる時代が違っていてもまたこの恩恵を受けるチャンスがない時代がほとんどでした。このチャンスの扉もいつ閉まるかわかりません。

今、この時代に生き、不動産投資に出会えた幸運な皆さんにはそのチャンスを最大限生かしていただければと思います。

な　ありがとうございます！

おわりに

この本を手に取ってくださり、最後までお読みいただいた皆様。

本当にありがとうございます！

これまで長文を書いたこともなく、書き終わるまでに何か月もかかってしまいました。執筆の途中にも物件を購入していましたし、仕事もしていましたので、途中何度もくじけそうになりましたが、書き上げて皆様に読んでいただくことができて、本当にうれしく思っています。

私のように、今の若い世代は生まれたときから暗い時代です。将来に希望が持てず、不安に押しつぶされそうな毎日を送っている方もたくさんいると思います。

私自身、10代で一度道を失いかけました。その当時は意識をしていませんでしたが、ほんの少しでも状況が変わっていれば、今頃貧困にあえぐ生活を送っていたかもしれません。

逆にあのまま高校や大学をきちんと卒業していたら、また違う道を歩んでいたのだろうと思います。


何が正しいのか、どこに進むべきか、その正解はまだわかりません。

ただ、いえることは、誰かに頼ることなく自分の人生は自分で決めていきたい！

そして、お金に振り回されるような人生はイヤ！　ということです。

お金がなくて困るのも、お金がありすぎて浪費するのもまた違うと思います。その答えを探し続けた結果、私は「不動産投資」という、最高の手段を見つけました。

自分の仕事とは別に収入の柱を手に入れることで、より自由に自分らしく生きていける・・・本当に私の理想の形です。

まだまだ規模は小さいですが、これからもさらにたくさんの物件を取得できるように頑張っていきます！


最後に、この場を借りてお礼をお伝えしたいと思います。

まずは、本の帯に素敵な推薦文をくださった、舛添菜穂子さん、ふんどし王子さん、ありがとうございました。いつもお世話になりっぱなしですが、これからもよろしくお願いいたします。

そして、インタビューにご協力いただいた、河上伸之輔さん、土肥孝行さん。お忙しい中お時間をいただきありがとうございました。

「なこ大家の勉強会」でお世話になりました皆様にも改めてお礼をお伝えします。今岡純一さん、桜庭匠さん、菅井敏之さん、太田垣章子さん、生形大さん、レッド吉田さん、小嶌大介さん、五十嵐未帆さん。ご享受ありがとうございました。

また、今回も出版にご尽力してくださった、ごま書房新社編集部の大熊さん、編集ライターの布施さんには大変お世話になりました。

そして、全力で私を支えてくれる母、姉にも大変感謝しています。忙しいときでも相談に乗ってくれて本当に助かっています。ありがとうございます。

不動産投資というとお金にシビアな人たちの集まりようにも思えます。

でも人が「〇〇したい！」というパワーはスゴイものだと思います。お金に対してガツガツしたイメージもありますが、実際にはいろいろな方がいます。時には20代元ギャルなんかもいたりします（笑）。

食わず嫌いをしないで、ぜひ一度大家さんの会に参加してみてくださいね。

私が主宰する「なこ大家の勉強会」も定期的に開催しています！　私もたくさんの先輩投資家・大家さんに助けられてきました。まだまだ新米ですが、これからはじめる方にとって、一歩先を行く先輩になりたいと思っています。

世の中お金だけあればいい訳ではありませんが「本当に大切なとき」に武器になることを最近感じています。

「もっと自由な時間がほしいな」
「素敵な将来を過ごしたいな」

そんな想いを皆さんが叶えられることを楽しみにしています。

奈湖　ともこ

2018年7月吉日

・著者プロフィール

奈湖 ともこ（なこ ともこ）

1991年東京生まれ、世田谷区在住。会社員兼大家さん。

小学校高学年時に算数オリンピックに選抜され、幼いころより才覚を発揮する。

順調な人生だったが、進学校の高校在学時に人生の有限性を感じ、自由に使える時間を求め高卒認定を取得し中退。お金を貯めるためにバイトに明け暮れつつも大学を受験し合格する。

22歳の大学生時代の貯金を元手に横浜のアパートを購入し不動産投資を開始。その後、コンサル系会社のOLとして働きつつ不動産規模を拡大。独自の数学的観点で26歳の現在までに8棟14室、資産8000万円の大家さんとなる。

若さとそのキャラクターからセミナー講師としても大好評を得ている。マスコミからも注目され、各メディアからも続々オファーが舞い込んでいる。コラム執筆、読者モデルとしても活躍するなど多方面でも活躍中。

著書に『元ギャル女子高生、資産7000万円のOL大家さんになる！』（ごま書房新社）がある。

最新版
“元ギャル”が資産8000万円の
大家さんになったヒミツ！

著　者	奈湖 ともこ
発行者	池田 雅行
発行所	株式会社 ごま書房新社 〒101-0031 東京都千代田区東神田1-5-5 マルキビル7F TEL 03-3865-8641（代） FAX 03-3865-8643
イラスト	あらいぴろよ
カバーデザイン	堀川 もと恵（@magimo創作所）
編集協力	布施 ゆき
印刷・製本	倉敷印刷株式会社

ISBN978-4-341-08706-7 C0034

ごま書房新社の本

TV・雑誌で話題の
“なっちー” 最新刊

～貯金300万円、融資なし、
初心者でもできる「毎月20万の副収入」づくり～

最新版 パート主婦、“戸建て大家さん”はじめました!

パート主婦大家“なっちー”こと 舛添 菜穂子 著

**【ど素人主婦が“戸建て5戸取得、
家賃月収30万円達成のノウハウ！】**

まったくの初心者だったパート主婦が、勉強から始めて不安と戦いながら不動産投資で成功していくまでの過程、そのノウハウを詳細に紹介。勉強方法、物件探し、融資の受け方、契約、セルフリフォーム、客付、管理、退去など戸建て投資に必要なノウハウは全て網羅。最新版となった本書は、出版後に家賃月収40万円になった最新ノウハウ、読者から誕生した大家さんの事例も紹介!

本体1480円＋税　四六版　280頁　ISBN978-4-341-08641-1　C0034

不動産業界に新風!
“えり” 流地方高利回り投資

～初心者でも損をしない!　地方高利回り&
地銀でおこなう“えり流”不動産投資～

30代ママ、2ヵ月で“月収150万円”大家さんになる!

ママ投資家 岩崎 えり 著

【まだまだイケる“地方高利回り”不動産投資！】

初心者向けに、地方高利回り&地銀でおこなう“えり流”不動産投資を紹介。

高学歴プアの私が「研究者」から「ママ投資家」へ！ 経済的自由を目指す道のりの紹介と共に、全くの不動産初心者から、長崎、茨城、大阪の中古マンション・アパート経営（59室）を“猛スピード”で成功させたヒミツを初公開!

本体1480円＋税　四六版　196頁　ISBN978-4-341-08699-2　C0034